普通高等教育“十一五”国家级规划教材
高职高专规划教材
江苏高校品牌专业建设工程资助项目

会计报表分析

第3版

主　编　张远录
副主编　蔡清龙　刘春秀
参　编　胡　迪　能　超
吕宝军　丁冰杰

机 械 工 业 出 版 社

本书以企业财务报表年报为依据，介绍了企业的资本资产结构、偿债能力、盈利能力、营运能力、发展能力、权益变动、利润分配等财务指标和成本费用的分析内容、分析方法；对企业的综合财务状况、经营绩效和企业风险的评价内容及方法进行了阐述。本书的主要特点是：立足高职高专财会专业人才培养目标，以学生为本，理论联系实际，学用结合，融教、学、做于一体，着力培养学生分析和解决实际问题的能力。

本书为高职高专财经类专业教材，也可作为管理类专业基础教材，另外还可作为企业财务会计人员和经营管理人员进行会计报表分析的参考资料。

图书在版编目（CIP）数据

会计报表分析／张远录主编．—3版．—北京：机械工业出版社，2016.1（2018.1重印）

普通高等教育“十一五”国家级规划教材　高职高专规划教材

ISBN 978－7－111－52780－0

Ⅰ.①会…　Ⅱ.①张…　Ⅲ.①会计报表-会计分析-高等职业教育-教材　Ⅳ.①F231.5

中国版本图书馆CIP数据核字（2016）第018028号

机械工业出版社（北京市百万庄大街22号　邮政编码100037）

策划编辑：孔文梅　　责任编辑：孔文梅　乔　晨

责任校对：黄兴伟　　封面设计：鞠　杨

责任印制：李　飞

北京玥实印刷有限公司印刷

2018年1月第3版第3次印刷

184mm×260mm · 11.75印张 · 289千字

6001—9000册

标准书号：ISBN 978-7-111-52780-0

定价：31.00元

前言 Preface

本书作为普通高等教育“十一五”国家级规划教材已经再版两次，到目前第2版已经8次印刷。本次修订在维持第2版特色的基础上，根据企业会计报表分析最新要求，结合江苏高校品牌专业建设工程的需要，更新相关知识，对实训资料、实训方式、实训要求等进行改进，在学以致用上大胆创新，使其更具适用性和针对性。本书主要特点包括：

1. 适用性更强

“会计报表分析”作为“财务会计”课程的后续专业课，按照“工学结合”的教学模式，以“面向企业，立足岗位；优化基础，注重素质，强化应用，突出能力”为教育教学培养目标，以某创业板公司近三年年报数据为依据，全面系统地讲述如何分析利用会计报表所提供的会计信息，并以学生关注、关心的创业板公司年报为实训素材，理实一体，教、学、做同步，着力培养学生分析和解决实际问题的能力。

2. 针对性更强

针对高职高专财会专业的职业面向，突出学以致用、工学结合，把培养学生分析、解决实际问题的能力作为课程教学的中心目标。以创业板公司年报为课堂教学和实训素材，使教学在现实环境中展开，把工学结合落到实处；让学生自由选取感兴趣的公司，并以行业划分实训小组，让学生在充满兴趣、有效互动、相互协作中锻炼分析和解决问题的能力。

3. 教学资源更加丰富

以本书为内容的省级精品课程建设、网络课程建设分别于2009年和2012年完成验收，本次修订是在精品课程、网络课程的基础上，进一步丰富内容，充分满足教学需要。

本次修订由江苏财经职业技术学院教授、高级会计师张远录老师主笔，蔡清龙、能超和胡迪老师参与资料收集和书稿的整理。在第2版的修订中，刘春秀、吕宝军参与了书稿的修订，丁冰杰参与了书稿的整理等工作。本书在修订过程中得到了淮安万达广场投资有限公司商管部财务经理何剑的帮助和指导，特此致谢。同时，本书在编写中参考了近几年有关企业财务报表分析方面的书籍，在此对各位作者一并表示感谢！

为方便教学，本书配备电子课件等教学资源。凡选用本书作为教材的教师均可索取，请发送邮件至 cmpgaozhi@ sina. com，咨询电话：010－88379375，QQ：945379158。

由于编者水平有限，本书难免存在不当之处，敬请读者批评指正。

编　者

目录 Contents

第一章　会计报表分析基础

通过本章的学习，了解会计报表分析的含义，熟悉会计报表分析的内容和依据，明确会计报表分析的目的，理解会计报表分析的前提、原则和应考虑的因素，掌握会计报表分析的步骤和方法，为以后各章的学习奠定基础。

能够运用比较分析法、比率分析法、趋势分析法和因素分析法等会计报表分析方法，进行熟练的计算和简要分析。

教学引导

财务报表是综合反映企业财务状况、经营成果和现金流量状况的书面文件，是会计核算的最终成果。随着市场经济的不断发展，人们对财务报表所提供的信息的利用将越来越普遍，要求也将越来越高。对财务报表进行分析已经成为会计人员的一项重要工作。

什么是会计报表分析，会计报表分析究竟能够提供哪些对决策有用的信息，不同信息使用者对会计信息有哪些要求，这将是本章所述主要内容。

第一节 会计报表分析的含义、内容和要求

现代市场经济的迅猛发展，不仅使现代企业的组织方式发生了深刻的变革，而且也使现代企业的经营向着国际化、多元化和分权化的方向发展，市场竞争日趋激烈。企业为了立于不败之地，追求企业价值的最大化，就需要讲求管理的有效性。充分借助会计报表分析所提供的经济资讯，对企业的经营做出正确的决策，使企业能够在激烈的竞争中生存与发展下去，或使企业保持良好的运作状态，是企业的管理者行使有效管理的必经途径。

一、会计报表分析的含义

会计报表分析是运用具体方法对财务报表中的有关数据进行比较与研究，评价企业的财务状况与经营成果，为会计信息使用者提供决策依据的管理活动。

我们知道，会计报表是会计核算的最终产品，其基本功能是提供有关企业财务状况、经营成果和现金流量情况的财务信息，这些信息是利益相关者评价一家企业的风险、收益及未来发展前景的重要依据。然而，"外行看热闹，内行看门道"。对一个不了解会计报表分析的人来说，看到会计报表中一排排数字，可能感觉枯燥乏味；而对于一个熟悉会计报表分析的人来说，只要通过各项数据的比较分析，就能看出其中的门道来。

会计报表分析，实际上就是充分发挥会计报表上各项数据资料的作用，对数据资料做进一步加工而得出综合信息的过程，是企业利益相关者评估企业现在和未来的基本做法。

二、会计报表分析的内容

会计报表分析的内容，概括地说就是企业的财务状况和经营成果。由于财务报表使用者与企业的利害关系不同，因而在进行会计报表分析时有各自的侧重点，但综合起来，会计报表分析主要有以下内容：.

（一）资本与资产结构分析

企业在生产经营过程中使用的资金，其来源应该稳定可靠，这是企业得以长期生存和发展的根本保证。企业从不同的来源渠道取得所需资金，这些来源渠道从资产负债表上概括起来有三大部分：短期负债、长期负债和所有者（股东）权益。所谓资本结构是指它们各自所占比例为多少，这个比例涉及企业的重大财务决策问题，如企业的融资决策和营运资本政策等。就资本结构理论而言，每个企业都有自身的最佳的负债与所有者（股东）权益的比例结构。在这一最佳结构下企业的加权平均总资本成本最小，企业的价值最大。因此，资本结构合理与否，直接关系到企业的经济实力是否充实、经济基础是否稳定，进而决定企业承担各种风险的能力。

资产是企业的经济资源，要使资源最大限度地发挥其功能，就必须有一个合理的配置，而资源配置合理与否，主要是通过资产负债表的各类资产占总资产的比重以及各类资产之间的比例关系，即资产结构来反映的。合理的资产结构，是企业有效经营和不断提高盈利能力的基础，是应对财务风险的基本保证。

（二）偿债能力分析

偿债能力是企业对到期债务清偿的能力或现金保证程度。企业在生产经营过程中，为了弥补自身资金不足就要对外举债。举债经营的前提必须是能够按时偿还本金和利息，否则就会使企业陷入困境甚至危及企业的生存。导致企业破产的最根本、最直接的原因是企业不能偿还到期债务。因此，通过偿债能力分析，使债权人和债务人双方都认识到风险的存在和风险的大小，债权人可以此做出是否贷款的决策，债务人也可以了解自己的财务状况和偿债能力的大小，进而为下一步资金安排或资金筹措做出决策。

（三）盈利能力分析

盈利能力是企业利用各种经济资源赚取利润的能力。盈利是企业生产经营的根本目的，又是衡量企业经营成功与否的重要标志。它不仅是企业所有者（股东）关心的重点，还是企业经营管理者和债权人极其关注的问题。盈利能力分析是会计报表分析的重点，具有丰富的分析内容。盈利能力分析不仅包含一个时期盈利能力大小的分析，而且包括企业在较长一段时期内稳定地获取利润能力大小的分析。

（四）营运能力分析

营运能力是企业运用资产进行生产经营的能力。企业的生产经营过程，其实质是资产运用并实现资本增值的过程。资产运用状况如何，直接关系到资本增值的程度和企业的偿债能力。我们知道，企业取得的资本，是以不同的形态体现在各类资产上的。企业各类资产之间必须保持一个恰当的比例关系，且在同类资产中的各种资产之间也应当有一个合理的资金分配，只有这样，企业才能健康稳步地发展，也才能充分发挥资金的使用效益。企业各种资产能否得到充分有效的使用，体现在资产周转速度的快慢，以及为企业带来收入的能力大小。

（五）发展能力分析

企业的发展能力是企业在生存的基础上，扩大生产经营规模，壮大经济实力的潜在能力。企业要生存，就必须发展，发展是企业的生存之本，也是企业的获利之源。企业的规模和实力，是企业价值的核心内容，表明企业未来潜在的盈利能力。企业可持续发展的能力，不仅是现实投资者关心的重点，也是潜在投资者和企业员工关注的问题。通过对企业营业收入增长能力、资产增长能力和资本扩张能力的计算分析，可以衡量和评价企业持续稳定发展的能力。

（六）现金流量分析

现金流量分析主要通过对企业现金的流入、流出及净流量的分析，了解企业在一定时期内现金流入的主要来源、现金流出的主要去向、现金净增减的变化和现金紧缺状况，评价企业的经营质量，预测企业未来现金流量的变动趋势，衡量企业未来时期的偿债能力，防范和化解由负债所产生的财务风险。

三、会计报表分析的目的

会计报表分析所提供的信息，是企业经营过程各个环节运行状况的重要“信号”。透过这些信息，企业的投资人、债权人、管理者就可以捕捉到具有参考价值的资讯，进而对自身的经营行为做出必要的反应与调整，做出正确的经营决策。

（一）会计报表分析的基本目的

1. 衡量企业的财务状况

一个企业的财务状况如何，是通过会计报表的分析加以衡量的。企业的静态财务状况隐含于资产负债表之中，动态的财务状况隐含于现金流量表之中，这就需要通过相关会计报表的分析加以揭示。诸如企业的资产、资本结构、偿债能力、财务弹性等财务指标，都要通过会计报表分析加以解释。企业利益相关者可以透过这些分析结果对企业的财务状况做出客观的衡量，了解企业现实的财务状况，对企业发展的潜在能力做出判断。

2. 评价企业的经营业绩

一个企业的经营业绩的评价体系是由一系列财务指标所组成的，诸如营业净利的多少、投资报酬率的高低、销售量的大小、资产运用效率的高低等财务指标。企业经营业绩的好与坏，必须通过财务指标的分析才能加以评价。企业利益相关者可以透过这些分析结果对企业的经营水平做出客观的评价，了解企业现实的经营业绩，对企业的发展前景做出预测。

3. 预测企业的发展趋势

一个企业未来的发展趋势可以在分析了解企业现在财务状况和经营业绩的基础上做出推断与预测。会计报表分析具有预测未来发展趋势的功能，如通过企业营业收入增长能力、资产增长能力和资本扩张能力等财务指标的分析，对企业财务状况与经营成果的未来发展的可能趋势做出推断与预测。企业利益相关者可以根据分析结果做出决策。

（二）会计报表分析的特定目的

财务报表是会计信息的主要表达形式，其使用者包括企业的投资人、债权人、经营管理者、政府机构等。不同的报表使用者有不同的报表分析目的。

1. 投资人分析财务报表的目的

投资人是向企业提供权益性资本的经济组织或个人，股份制企业的投资人就是企业的股东。投资人既是企业收益的获取者，同时也是企业风险的最终承担者。因此，投资人对会计报表分析的重视程度超过其他任何会计信息使用者，其分析财务报表的目的主要有：

（1）分析评价企业的盈利能力，预测未来收益水平，正确进行投资决策。企业的盈利能力是投资人在会计报表分析中关注的核心内容。就一般投资人而言，投资的目的是为了获取较高的收益，如果企业没有足够的盈利能力，就不能给投资人带来所期望的收益。

（2）分析企业的经营业绩，评价受托经营者的管理水平，合理进行薪酬与人事决策。现代企业制度下，所有者与经营者是分离的，经营者是在投资人受托下对企业进行经营管理，其职位、薪酬与所受托的责任及履行情况直接挂钩。

（3）分析企业的资本结构及偿债能力，评价企业的理财环境与财务风险，正确进行筹资决策。企业的资本结构决定了企业的财务风险类型，企业的偿债能力决定了企业的财务环境，企业生产经营所需资金从何而来，取决于企业所面临的财务风险程度。

2. 债权人分析财务报表的目的

债权人是指那些向企业提供债务资金的经济组织或个人。债权人向企业提供资金的方式尽管有所不同，但这些债权因为契约签订而具有法律约束力。因此，债权人在决定是否授予企业信用之前，必须通过债务人的财务报表，分析、判断与评价企业的偿债能力。债权人进行会计报表分析的目的主要有：

（1）分析流动资产的构成及其变现速度，评价企业短期偿债能力。企业短期偿债能力的大小，主要是由企业流动资产与流动负债的比率，以及流动资产的变现速度决定的。流动比率越大，变现速度越快，短期债权人越放心。

（2）分析资本资产结构，评价企业的长期偿债能力。企业的资本结构反映了企业负债资本与权益资本、资产与负债、资产与所有者权益之间的比例关系，揭示了企业的财务状况，表明了企业的长期偿债能力。合理的资本资产结构是长期债权人的"定心丸"。

（3）分析企业的盈利能力，评价企业还本付息的保障程度。企业只要保持盈利，表明利息支付就没有问题；能保障利息支付，就可能以新债还旧债。企业较强的盈利能力是长期债权人的"保护伞"。

3. 经营管理者分析财务报表的目的

经营管理者就是对企业负有直接管理权的厂长或经理。作为一个企业的直接经营者，负有达到企业经营目标的责任，同时也直接掌握企业的实际运作。企业管理者需要通过财务报表的分析，迅速获得经营决策有用的会计信息，以便根据这些信息对经营行为做出必要的调整，并针对企业的具体财务状况和经营成果采取必要的措施和管理方法。经营管理者分析财务报表的目的主要有：

（1）考核企业经营计划和财务计划的完成情况，评价经营责任的履行效果。将会计报表有关数据的实际与计划指标进行对比分析，可以考核企业的生产、销售、成本费用和利润等计划的完成情况，评价经营者自身履行经营责任和其他管理责任的效果，从中总结经验，为改善经营管理、提高经营质量提供依据。

（2）分析评价企业的财务状况，提高财务管理水平。对经营管理者来说，分析财务报表的重点是企业的财务状况。良好的财务状况是生产经营顺利进行的基础，财务管理是企业经营管理的核心。通过对会计报表有关数据资料的分析、研究，并与计划指标、行业水平等进行比较，评价企业的财务状况，找出存在的问题，为改善和提高财务管理水平提供依据。

（3）分析评价企业资源利用效率，增强企业的市场竞争力。经营管理者对会计报表分析的着眼点除了考核企业各项计划的完成和评价企业的财务状况外，更重要的是进行资源利用效率的分析，包括企业资产周转水平、成本费用与收益实现水平的分析等。企业的经营者可以运用这些会计报表分析的结果，改进或加强企业内部的管理与控制，不断提高经营决策水平。企业的市场竞争，实质是资源利用效率的竞争，竞争的关键是企业的经营管理水平。

4. 政府机构分析财务报表的目的

这里的政府机构主要是指政府的税务机关、工商行政管理机关和国有资产管理机构等。这些政府机构分析会计报表的目的取决于各政府机构的职能。例如：国家税务机关通过分析会计报表，主要对企业的纳税进行确认与鉴定，也就是以会计报表分析作为查验纳税人报税流转额、增值额和所得额是否准确的依据；工商行政管理部门主要是通过会计报表分析了解企业的经营范围和注册资本投入的情况，作为工商年检登记的依据；国有资产管理部门主要是通过企业会计报表的分析，掌握国有资产的运用效率与投资报酬率，从投资者的角度研究分析企业的财务状况与经营成果。

除上述直接的投资人、债权人和经营者外，还有潜在的投资人和债权人，以及准备应聘的经理者阶层，他们对会计报表的分析则多从企业盈利的可持续性和企业未来的发展潜能等方面着眼，也就是对企业发展能力的强弱更为关心。

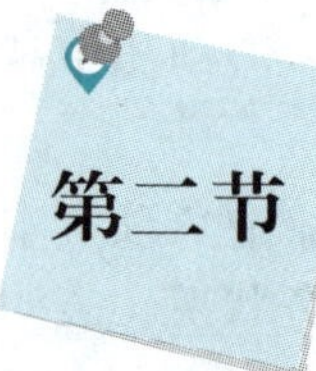

第二节 会计报表分析的前提、依据和原则

会计报表分析是为了获取决策有用的会计信息，所以必须讲求分析的科学性和准确性。因此，进行会计报表分析是有前提的，分析的资料必须是真实的，评价的标准必须是科学可靠的，要获得正确的分析结论必须遵循一定的原则。

一、会计报表分析的前提

会计报表分析的前提就是假定分析评价所依据的资料、标准是可靠的，只有这样，分析才会有结果，分析的结论才具有说服力。这就要求企业的财务会计报告必须是依据企业会计准则、通过会计核算形成的，并通过鉴证；分析评价所采用的标准必须具有权威性、统一性。况且对不真实不可靠的财务会计报告进行分析本身没有意义。因此，本书所进行的会计报表分析，对分析依据的真实性和分析标准的科学性不做讨论。

二、会计报表分析的依据

（一）会计报表分析的资料依据

1. 会计数据资料

会计数据是会计报表分析的主要依据，是分析的基础。会计数据主要来源于财务会计报告。财务会计报告的数据有表内数据和表外数据。表外数据主要是财务报表附注和财务状况说明书中所列示的数据，对这些数据应与表内数据同样的重视。比如，会计政策和会计处理方法的变更，变更的原因和改变后的影响金额是列在报表附注中的，这样的数据对分析工作极为有用。

2. 非会计数据资料

在进行会计报表分析时，分析人员还需要掌握企业经营业务数据资料和其他相关数据资料，包括各类商品的货源、采购、销售、储存、运输以及经济合同、客户变化等业务经营方面的数据资料，统计、物价、劳动工资及计划预算等数据资料。

3. 其他相关资料

其他相关资料主要是指除了财务报告之外的企业报告。企业报告是一个比财务报告更广泛的概念，他不仅包括财务报告，还包括其他报告。其他报告资料主要有企业的招股说明书、审计报告、管理当局的预测或计划、新闻发布稿等，其他报告资料是会计报表分析者、使用者不可忽视的内容。

除以上资料外，会计报表分析还要以企业的一些经营绩效评价资料为依据，如企业的市场占有率、产品的质量与服务、客户满意度、交货效率、技术研究和产品开发水平、职工的积极性以及创新能力和管理者的素质等。同时，需要收集企业外部的，如行业、竞争对手的有关数据，以便正确地分析和评价企业的财务状况和经营成果。

（二）会计报表分析的标准依据

会计报表分析的标准是会计报表分析过程中据以评价分析对象的尺度，通过这一尺度，才能对企业的财务状况、经营状况等进行比较，才能鉴别出“优”与“劣”。会计报表分析的过程其实质是采用特定的分析方法进行比较的过程，比较的尺度就是会计报表分析的标准，是对企业财务状况和经营成果做出恰当判断、对会计报表分析做出结论的重要依据。根据我国企业的实际情况，作为会计报表分析对比的标准依据有以下几种：

1. 行业标准

行业标准是指同行业的其他企业在相同时期内的平均水平，可以根据同行业的有关资料通过统计方法测算出来。行业标准是最为常用的会计报表分析标准，通过企业实际数据与同行业标准的比较，能够直接做出企业财务状况和经营成果是“好”是“坏”的判断。因为行业标准代表的是行业平均水平，如某企业的利润率为20%，而该企业所在行业的利润率标准为18%，则说明该企业营业利润率在行业平均水平之上，效果较好。

2. 历史标准

历史标准是以本企业历史上的最佳状况或具有可比性某一期的状况作为比较的尺度。由于各企业间的实际情况千差万别，企业财务状况和经营成果必然受到各种因素的影响，在对企业财务状况和经营成果做出判断的过程中，要剔除一些外部特殊因素对企业财务状况和经营成果的影响。进行这一工作的可行方法是采用内部标准，即以企业历史数据为比较标准，将企业间的环境差别因素剔除出去。比如，在进行盈利水平分析时，同为家电企业，一家在上海，一家在成都，由于其人工成本、面对的消费市场等因素的不同，从而对两家企业的盈利水平产生不同的影响。

3. 预算标准

预算标准是指企业内部或行业按有关背景资料所预计的最佳或理想的标准。以实际数据与预算标准相比较，可以对企业完成预算、计划或目标实现的情况进行分析和判断。以预算标准为尺度，可以对企业财务状况和经营成果做出判断，并对企业管理工作的效率和成果做出评价。

以上标准要根据分析的目的和所分析企业的实际状况选择。若分析的目的是对企业进行评价，可以使用行业标准；若分析的目的是对企业的发展趋势进行预测，可以使用历史标准；若分析的目的是考察企业预算的完成情况，可以使用预算标准。但是，进行全面分析时，应将多种标准综合使用。

三、会计报表分析的原则

会计报表分析必须做到针对性强，能够全面反映企业的财务状况、经营成果和现金流量，能够准确地从会计报表分析中发现可能存在的问题和风险，以便及时加以处置和防范。对会计报表分析中涉及的企业经营问题，应及时进行分析，研究产生问题的原因和解决问题的办法。通过财务报表的分析可以进一步挖掘企业潜力，充分发挥企业的潜在有利因素，有效地改善企业财务状况和提高经营水平。在会计报表分析过程中应遵循以下原则：

（一）经营成果分析和财务状况分析相结合的原则

经营成果分析是一种收益性分析，主要是通过观察企业的获利能力来评价企业的经营水平。财务状况分析是一种流动性分析，主要是通过分析企业资金的来源和运用情况来观察企业的经营活动是否健康、顺利，是否存在企业经营上的安全隐患。良好的财务状况是企业继续生存、发展和获取利润的根本保证，而较强的获利能力，又会使企业的财务状况得以改善。因此，不能将经营成果分析与财务状况分析孤立开来，而应将两者有机地结合在一起。

（二）绝对数额分析和相对数额分析相结合的原则

绝对数额分析和相对数额分析都是非常重要的。例如，利润表中税后净利润为100万元，资产负债表中股东权益为1 000万元，这两个数字都是绝对数额，它表明企业的税后净利润和股东权益各为多少。而税后净利润/股东权益为10%（100/1 000）是一个相对的比值，它表明股东用其权益资金每投资100元获取的税后利润为10元，这一百分比称为净资产收益率。这两种分析都是必不可少的，净资产收益率表明净资产投资的收益率，税后利润表示利润总额的多少。这好比一个是银行存款利率，另一个是所得利息总数。因此，在会计报表的分析中，既要重视绝对数额分析，也要重视相对数额分析，并将两者很好地结合起来。

（三）静态分析和动态分析相结合的原则

会计报表所反映的数据是企业某一时点或某一时期的，而企业的财务状况和经营成果是随着时间的变化而变化的。例如，某企业2014年12月31日的资产负债表和2014年12月的利润表，分别只反映了该企业12月31日的财务状况和12月及其当年的经营成果。为了对企业的财务状况和经营成果变化有一个较全面、较完整的了解，必须考察不同时期的报表，分析其变化特征，从变化中寻找存在的问题和产生问题的原因，从本企业历史的变化中研究当前所处的状况。

（四）纵向分析与横向分析相结合的原则

进行会计报表分析时不仅需要了解与掌握企业自身不同时期的财务状况和经营成果的纵向变化情况，还需了解和掌握相关企业同一时期的情况，分析研究本行业各项指标的先进水平和平均水平，同时分析研究合作伙伴和竞争对手的有关指标和财务状况，把本企业放在周围相关环境中进行考察，知己知彼，认清本企业所处的位置，明确进一步发展的方向。

（五）分析过去和预测将来相结合的原则

对过去的会计报表进行分析比较和研究，目的在于规划现在，预测未来。例如，选取已有的历史资料，运用科学方法对尚未发生的不确定事件做出预测，才能更好地规划现在，制定适合企业发展的最佳决策和企业政策。

第三节 会计报表分析的基本步骤和应考虑的基本因素

一、会计报表分析的基本步骤

会计报表分析的基本功能在于收集与企业利益相关者有关的各项会计信息，分析、研究和解释这些会计信息之间的相互关系，借以揭示与评价企业的财务状况和经营成果。会计报表分析的基本步骤包括：

（一）明确分析目的

明确分析目的是进行会计报表分析的始点和关键。只有确定分析目的，才能设计具体的会计报表分析程序、拟定具体的分析内容；进而才能决定采用何种分析工具与分析方法。

（二）拟订分析提纲

分析目的明确以后，就要拟定分析提纲，以便做到心中有数，有利于分析工作的安排。

（三）搜集整理资料

资料的搜集整理是会计报表分析的重要阶段。资料准备不充分，分析就不能深入，就会影响分析的质量。搜集的分析资料，主要是指本企业的会计资料，这些会计资料至少应覆盖若干期，期限越长，越有利于趋势分析。另外，还应搜集同行业及竞争对手的先进水平、平均水平等资料，以便进行比较。

（四）进行具体分析

根据分析的内容和要求，运用相应的分析工具和方法进行具体分析。进行具体分析是会计报表分析的核心阶段。分析时，除了找差距、查原因外，更重要的是要分清问题的主次，以便做出正确的评价。

（五）做出分析结论

报表使用者经过具体分析以后，应该得出分析结论，肯定取得的成绩，指出存在的问题，提出相应的建议。

（六）撰写分析报告

撰写分析报告是会计报表分析的最后一个阶段。分析报告是对会计报表分析的概括和总结，是进行决策的重要依据。

二、会计报表分析应考虑的基本因素

会计报表分析除了分析资料和分析标准外，必须考虑对企业生产经营产生影响的各种内部和外部因素。

（一）内部因素

1. 企业财务会计报告的编报水平

企业财务会计报告是会计报表分析的客体，离开了财务会计报告，会计报表的分析就成为无源之水、无本之木。因此，财务会计报告资料的齐全与否，披露信息的广度、深度如何，编报的质量等，都会直接影响会计报表分析的结果和分析质量的高低。

2. 企业的管理理念和管理风格

企业的管理理念是企业发展一贯坚持的一种核心思想，是企业全体员工坚守的基本信条，也是企业制定和实施战略目标的前提条件和基本依据。管理理念是形成企业管理风格和行为的前提，也是形成企业管理能力，影响企业管理水平的重要因素。企业的管理理念和风格一般可分为稳健型和创新型。企业管理理念的不同，决定了企业高层对待风险的态度和控制风险的方法也不同。比如，对于规模相近、经营业绩相当的两个企业，由于管理高层在经营理念、领导风格等方面的不同，可能会导致两个企业的资产减值比例相差悬殊，最终对财务报表的结果产生影响。

3. 企业的生产经营规模

一定规模的生产经营活动从客观上要求企业有适当规模的存量资产与之相适应。经营规模大的企业，往往实力雄厚，抵御风险的能力较强，与经营规模较小的企业在资本资产结构上的不同，会直接影响企业的财务状况，并会对会计报表分析产生影响。

4. 企业产品的市场地位

企业要想在市场上占据有利地位，最重要的是要拥有受消费者欢迎的产品。企业采取什么样的产品价格策略、如何进行产品定位、产品更新换代的速度和新产品的开发策略等，都会影响企业产品在市场中的表现，影响企业资金的筹集和使用，进而影响企业的获利能力，对会计报表分析结果产生影响。

5. 企业的技术水平与研发能力

企业发展能力如何，在很大程度上取决于企业所采用的技术是否处于行业领先地位，是否具有较强的科研开发能力。一个具有较强科研开发能力的企业，往往有很强的发展潜力，会在竞争中占据优势地位，从而会吸引更多的投资者，壮大企业实力，对增强企业的盈利能力等方面带来影响，并最终从会计报表中反映出来。

此外，对于公司制企业还要考虑公司治理环境。公司治理环境是公司制的核心，分为宏观和微观两个层面。宏观层面主要指股东、董事会、监事会和经理层之间相互负责、相互制衡的一种制度安排；微观层面主要指公司的内部控制制度。不同的公司治理环境，也会对会计报表分析产生影响。

（二）外部因素

1. 企业所在的行业情况

一个企业是否具有长期发展的前景，首先同它所处行业本身的性质有关，身处高速发展的行业，对任何企业来说都是一个财富；当一个企业处于弱势发展行业中，即使本身财务数据优良，也会因大环境的下降趋势而影响其未来的发展。在会计报表分析中，了解企业在行业中所处位置，有助于对会计报表分析做出更符合客观实际的结论。

2. 企业竞争对手的情况

企业之间的竞争，涉及设备、技术、人才、推销、管理等各个方面。在会计报表分析的过程中，分析人员应结合竞争对手的情况，如其采取的发展战略、经营策略、对员工的激励机制等，做出更加具有针对性的结论。

3. 企业所面临的宏观经济环境

国民经济发展的速度，对企业有重大影响。企业为了跟上国民经济发展的速度，并在其行业中维持它的地位，至少要有同样的增长速度。企业要相应地增加厂房、设备、存货、具备熟练操作技能的工人、专业技术开发人员等，这种增长需要大规模地筹集资金。同时，物价、利率的变化等会导致企业成本发生变化。因此，在进行会计报表分析时要给予关注。

4. 企业所处的法律环境

企业无论在筹资、投资还是利润分配，都要和企业外部发生经济关系，在处理这些经济关系时，应当遵守有关的法律规范。比如，企业必须遵守税收法律、会计准则、财务通则等，这些法律法规一旦发生变化，必然对企业财务状况和经营成果带来一定的影响。

5. 政府的经济政策

由于我国政府具有较强的宏观经济调控职能，其制定的经济发展规划、产业政策、对某些地区或行业以及某些经济行为的优惠、鼓励或限制政策，都会对企业的发展产生重要影响。因此，在对企业报表进行分析时，不能只局限于企业内部环境，更要将企业置于全国乃至全球经济发展的大环境中进行观察，才能得出更加客观、更加准确的结论。

第四节 会计报表分析的基本方法

会计报表分析的方法有很多种。一般常用的会计报表分析方法包括比较分析法、比率分析法、趋势分析法、因素分析法等。

一、比较分析法

比较分析就是将会计报表中的某些项目或财务指标与另外的相关资料相比较，以说明、评价企业的财务状况、经营业绩，是一种常用的会计报表分析方法。

（一）会计报表比较分析的内容与目的

会计报表比较分析主要有以下四个方面：

（1）本期的数据与以前时期的数据比较，分析未来的发展趋势。

（2）本企业的数据与同行业其他企业或行业的平均水平、先进水平比较，分析企业的生存能力、竞争能力。

（3）本期实际数与计划数、预算数比较，分析计划或预算的完成程度。

（4）期末数与期初数比较，分析这些项目的增减变化与得失。

（二）会计报表比较分析的方式

会计报表比较分析的方式主要有下列四种：

1. 绝对数字比较

绝对数字比较分析就是将会计报表中所呈报的绝对数字直接加以比较，观察各个项目在不同年度之间的数额大小。

2. 绝对数字增减变动比较

绝对数字增减变动比较是在绝对数字比较的基础上，分别算出各个项目在不同年度之间的增减变动数字，以便获得更为明确的财务状况与经营成果的增减变动情况。

3. 增减百分比变动比较

增减百分比变动比较是在绝对数字增减变动额的基础上算出增减变动百分比，以便显示不同年度各项目的增减变动幅度，使会计报表的阅读者更加清楚每个项目的具体增减变化程度。这种分析也是通过比较会计报表的形式进行的。

4. 比率变动比较

比率是两个不同时期的绝对数字比较之后算出的，用以说明资产负债表、利润表和现金流量表各项目的整体变化情况，通过连续几期比率变动比较可以了解项目数量的变动趋势。

各项目的变动比率计算公式为

某个项目的变动比率 = 某个项目比较期数额/基期数额

以上四种比较分析方式可以通过比较性会计报表来进行的。下面以 A 公司比较性资产表为例，说明绝对数字比较、绝对数字增减变动比较、增减百分比变动比较和比率变动比较方式的运用。

例 1-1 A 公司 2015 年度与 2014 年度部分项目比较性资产表见表 1-1。

表 1-1 A 公司比较性资产表（部分资产项目比较）

（金额单位：万元）

项　目	2015 年年末	2014 年年末	增减金额	增减百分比	变动比率
流动资产					
货币资金	72 040.20	61 970.60	10 069.60	16.25%	1.16
应收账款	13 990.80	10 788.70	3 202.10	29.68%	1.30
预付账款	5 213.26	5 929.98	-716.72	-12.09%	0.88
存货	14 127.80	11 638.70	2 489.10	21.39%	1.21
其他流动资产	20 638.94	11 252.02	9 386.92	83.42%	1.83
流动资产合计	126 011.00	101 580.00	24 431.00	24.05%	1.24
固定资产净额	57 493.90	56 776.20	717.70	1.26%	1.01
其他非流动资产	69 538.10	53 527.80	16 010.30	29.91%	1.30
非流动资产合计	127 032.00	110 304.00	16 728.00	15.17%	1.15
资产总额	253 043.00	211 884.00	41 159.00	19.43%	1.19

二、比率分析法

比率分析法是利用企业同一时期的会计报表中两个或两个以上指标之间的某种关联关系，计算出一系列财务比率，据以考察、分析和评价企业财务状况和经营业绩的分析方法。

计算财务比率并不是分析的最终目的，比率仅仅是一种分析的手段与工具。在进行财务比率分析时，为了深刻了解各项比率所隐含的种种信息与意义，还需要在分析中配合其他的有关分析资料并且进行其他方面的分析研究。为使财务比率具有更广泛的用途，在进行财务比率分析时还应该进行各种比较。财务比率可与企业过去的比率进行比较，也可以与预定的标准财务比率进行比较，还可以与同行业的财务比率进行比较。从以上意义上讲，比率分析法其实是比较分析法的一种形式。

（一）比率分析法的比率类型

比率是相对数，采用比率分析法，能够把某些条件下的不可比指标变为可比指标，以利于进行分析。比率指标主要有以下三种：

1. 相关比率

相关比率是以某个项目总额与相互关联但性质不同的项目总额加以对比所得的比率，反映有关经济活动的相互关系。利用相关比率指标，可以考察有联系的相关业务安排是否合理，以保障企业经济活动能够顺利进行。例如，将流动资产与流动负债加以对比，计算出流动比率，据以评价企业的短期偿债能力。

2. 结构比率

结构比率是某项经济指标的各个组成部分与总体的比率，反映部分与总体的关系。常用的结构比率有资产结构、资本结构和盈利结构。利用结构比率，可以考察总体中某个部分的形成和安排是否合理，以便协调各项财务活动。

3. 效率比率

效率比率是反映经济活动中投入与产出关系的比率，如净资产收益率、主营业务利润率等。利用效率比率可以考察企业经营管理活动的经济效益，揭示企业的获利能力。

（二）企业财务评价指标体系

1. 我国企业财务指标体系

2007 年 1 月 1 日开始执行的《企业财务通则》第六十七条规定：“主管财政机关应当建立健全企业财务评价体系，主要评估企业内部财务控制的有效性，评价企业的偿债能力、盈利能力、资产营运能力、发展能力和社会贡献。评估和评价的结果可以通过适当方式向社会发布。”表 1-2 是 2006 年国务院国有资产监督管理委员会颁布的《中央企业综合绩效评价实施细则》（国资发评价［2006］157 号）中确定的企业综合绩效评价指标体系与权数。体系共 30 项指标，包括财务绩效指标 22 项，管理绩效指标 8 项；并根据各项指标在评价中的重要程度分别赋予了相应的权数，以供具体评价时遵照执行。

表 1-2 企业综合绩效评价指标体系与权数表

评价内容与权数	财务绩效（权重70%）		管理绩效（权重30%）
	基本指标（100）	修正指标（100）	评议指标（100）
一、财务效益状况（34）	净资产收益率（20） 总资产报酬率（14）	销售（营业）利润率（10） 盈余现金保障倍数（9） 成本费用利润率（8） 资本收益率（7）	1. 战略管理（18） 2. 发展创新（15） 3. 经营决策（16） 4. 风险控制（13） 5. 基础管理（14） 6. 人力资源（8） 7. 行业影响（8） 8. 社会贡献（8）
二、资产质量状况（22）	总资产周转率（10） 应收账款周转率（12）	不良资产比率（9） 流动资产周转率（7） 资产现金回收率（6）	
三、债务风险状况（22）	资产负债率（12） 已获利息倍数（10）	速动比率（6） 现金流动负债比率（6） 带息负债比率（5） 或有负债比率（5）	
四、经营增长状况（22）	销售（营业）增长率（12） 资本保值增值率（10）	销售（营业）利润增长率（10） 总资产增长率（7） 技术投入比率（5）	

资料来源：国资委统计评价局（注：括号内数字为指标或项目权数）。

2. 国际上的一般财务比率

分析企业的会计报表仅靠我国《企业财务通则》所规定的财务评价分析指标是远远不够的，国际上一般通行的财务分析比率指标大约有29个，这些财务比率可以分为6大类，见表1-3。

表 1-3 国际上的一般财务比率

财务比率类型、名称		计算公式
短期偿债的基本财务比率	流动比率	流动资产/流动负债
	速动比率	速动资产/流动负债
	现金对流动负债比率	（现金+等值现金）/流动负债
	应收账款周转率	赊销净额/平均应收款项
	账款收回平均日数	360/应收账款周转率
	存货周转率	主营业务成本/存货平均余额
	存货平均周转日数	360/存货周转率

（续）

财务比率类型、名称		计算公式
资产运用效率财务比率	销货对现金比率	销货/现金
	销货对应收款项比率	销货/应收账款
	销货对存货比率	销货/存货
	销货对营运资金比率	销货/营运资金
	销货对固定资产比率	销货/固定资产
	销货对其他资产比率	销货/其他资产
	销货对总资产比率	销货/资产总额
资本结构与长期偿债能力财务比率	负债对总资产比率	负债总额/资产总额
	股东权益对总资产比率	股东权益总额/资产总额
	负债对股东权益比率	负债总额/股东权益总额
	股东权益对固定资产比率	股东权益总额/固定资产
	长期资金对固定资产比率	长期资金/固定资产
	利息保障倍数	（税前净利＋利息）/利息费用
获利能力财务比率	毛利率	销货毛利/销货
	税前净利对销货比率	税前净利/销货
	营业净利对销货比率	营业净利/销货
	税后净利对销货比率	税后净利/销货
投资报酬率财务比率	总资产观念	［税后净利＋利息费用（1－税率）］/平均总资产
	长期负债加股东权益观念	［税后净利＋长期负债利息费用（1－税率）］/（平均长期负债＋平均股东权益）
	股东权益观念	税后净利/平均股东权益
资金流量财务比率	资金流量比率	营运资金来源总数/（资本支出＋存货增加数＋现金股利）
	资金再投资比率	（来自营业的资金－股利）/（固定资产原价＋投资＋其他资产资金＋营运资金）

我国的《企业财务通则》没有规定资金流量财务比率，投资报酬率这个指标也与国际上的指标相差很大，国际上的投资报酬率是依据不同观念加以计算的。

（三）采用比率分析法应注意的问题

比率分析法的优点是计算简便，计算结果容易判断，而且可能使某些指标在不同规模企业间进行比较，甚至也能在一定程度上超越行业之间的差别进行比较。但采用比率分析法时，应注意以下几点：

1. 对比项目的相关性

计算比率的分子与分母之间必须具有相关性，把不相关的项目进行对比是没有意义的。在构成比率指标中，部分指标必须是总体指标这个大系统中的一个小系统；在效率比率指标中，投入与产出必须有因果关系；在相关比率指标中，两个对比指标也要有内在联系，才能评价有关经济活动之间是否协调均衡，安排是否合理。

2. 对比口径的一致性

计算比率的分子与分母之间必须在计算时间和范围等方面保持口径一致。

3. 衡量标准的科学性

运用比率分析，需要选用一定的标准进行对比，以便对企业的财务状况和经营业绩做出评价。一般而言，科学合理的评价标准有以下几种：

（1）历史标准：如上期实际、上年同期实际、历史先进水平等。

（2）预定目标：如预算指标、设计指标、定额指标和理论指标等。

（3）行业标准：如行业协会颁布的标准、国内外同类企业的先进水平或平均水平等。

（4）公认标准：包括国内和国际公认标准。

三、趋势分析法

趋势分析法是将连续数期的会计报表中某些项目或指标进行比较，计算前后期的增减方向和幅度，并形成一系列具有比较性的百分比（趋势百分比），以预测企业财务状况或经营成果的变动趋势的一种分析方法。这种分析方法不但能够为会计报表阅读者提供会计报表中某些项目或指标的明显变动趋势，而且还可以通过对过去会计报表中某些项目或指标的发展变动规律的研究，揭示未来财务状况与经营成果的发展趋势。

（一）趋势分析法的种类

趋势百分比（也称趋势比率或者指数）由于基期不同分为定比和环比两种。

1. 定比

定比就是在计算趋势百分比时以某一期间的数或以一定期间的平均数固定为基期数，即为100%，再将同一项目其他各期的数分别与固定基期的数相比较，计算出趋势百分比，该百分比称为定基百分比。其计算公式为

$$定基百分比 = 分析期数额/基期数额 \times 100\%$$

2. 环比

环比是在计算趋势百分比时所运用的基期是不固定的，是各期数均与前一期的数进行比较，计算出趋势百分比，该百分比称为环比百分比。其计算公式为

$$环比百分比 = 本期数额/上期数额 \times 100\%$$

（二）趋势百分比的计算

下面以A公司现金数据为例，说明在不同基期下的趋势百分比的计算方法。

例 1-2 A公司连续三年年末的货币资金按照各种基期计算的趋势百分比见表1-4。

表 1-4 A 公司趋势百分比计算表

项　目	第一年（2013）	第二年（2014）	第三年（2015）
现金余额	55 654.90	61 970.60	72 040.20
以第一年为固定基期（定比）	100%	111.35%	129.44%
均以前一年为基期（环比）		111.35%	116.25%
以三年平均数（63 221.90）为基数（定比）	88.03%	98.02%	113.95%

表 1-4 中分别以三种不同的基期计算了 A 公司在三年内货币资金的趋势百分比，可从不同的角度说明货币资金的基本变动趋势。在实际工作中也可以用比率表示变动趋势，例如在环比的条件下，趋势百分比如果用比率表示，第二年的趋势比率为 1.11，第三年的趋势比率为 1.16。

（三）采用趋势分析法进行计算与分析中应该注意的问题

（1）采用定比方法计算趋势百分比时，应注意基期的选择要有代表性，如选择不当，容易导致误解。

（2）当基期的某个项目为零或者为负数时，不应该计算趋势百分比，否则会造成错误的计算结果与分析结论。

（3）在分析中应该研究各相关项目趋势增减的程度。例如，企业的流动资产如果逐年减少，一般为不利的趋势，但是，流动负债的减少较流动资产的减少更多可能就是有利的趋势。

（4）在分析中如果前后期企业的会计政策不一致，趋势分析将失去意义，可将有关数字做必要的调整后再进行分析。

（5）在分析中物价水平的变动将直接影响趋势分析。在进行趋势分析时，如果不同时期的物价水平发生了变动，对于企业存货、收入与费用等方面将产生重大影响，这将使得不同时期的财务资料失去可比性。

（6）在进行趋势分析时还应该与绝对数字一起进行观察，因为仅仅观察相对数字是不够的。基期金额过高或者过低将被认为趋势非常理想或者非常不理想，但事实并非如此。例如，企业的某个资产项目由 10 元增加到 20 元与从 500 000 元增加到 1 000 000 元，虽然从相对数来看同样增加 100%，但是，对于分析者而言，这两个数据的重要性显然是有所不同的。

四、因素分析法

因素分析法是通过分析影响财务指标的各项因素并计算其对指标的影响程度，来说明本期实际与计划或基期相比财务指标变动或差异的主要原因的一种分析方法。运用这一方法的出发点在于，当有若干因素对综合指标发生作用时，假定其他各个因素都无变化，顺序确定每一个因素单独变化所产生的影响。此法又有连环替代和差额计算两种具体方法。

（一）连环替代法

连环替代法是将一项综合性的指标分解为各项构成因素，顺序用各项因素的实际数替换基数，分析各项因素影响综合指标的程度的一种方法。

1. 连环替代法的分析程序

（1）分解某项综合指标的各项构成因素。

（2）确定各个因素与某项综合指标的关系，如加减关系、乘除关系等。

（3）确定各项因素的排列顺序，按一定的顺序将各个因素加以替代，来具体测算各个因素对指标变动的影响方向和程度。

（4）计算各个因素影响数值的代数和，检查是否与分析对象相符。

2. 分析的主要指标

产品直接材料成本 = 产品产量 × 产品材料单耗 × 材料单价

产品直接人工成本 = 产品产量 × 产品工时单耗 × 小时工资率

产品变动性制造费用 = 产品产量 × 产品工时单耗 × 小时变动制造费用分配率

产品固定性制造费用 = 产品产量 × 产品工时单耗 × 小时固定制造费用分配率

资产利润率 = 资产周转次数 × 主营业务成本率 × 成本费用利润率

3. 分析的基本原理

以产品直接材料成本的分析为例，阐述连环替代法的基本原理和技巧如下：

计划数：计划产品直接材料成本 = 计划产品产量 × 计划材料单耗 × 材料计划单价

实际数：实际产品直接材料成本 = 实际产品产量 × 实际材料单耗 × 材料实际单价

分析对象：总差异 = 实际产品直接材料成本 - 计划产品直接材料成本

（1）求产品产量变动对产品直接材料成本的影响。

第一次替代：用实际产量替代计划产量。

第一次替代结果：实际产品产量 × 计划材料单耗 × 材料计划单价

产量变动的影响差额：实际产品产量 × 计划材料单耗 × 材料计划单价 - 计划产品产量 × 计划材料单耗 × 材料计划单价

（2）求材料单耗变动对产品直接材料成本的影响。

第二次替代：用实际单耗替代计划单耗。

第二次替代结果：实际产品产量 × 实际材料单耗 × 材料计划单价

单耗变动的影响差额：实际产品产量 × 实际材料单耗 × 材料计划单价 - 实际产品产量 × 计划材料单耗 × 材料计划单价

（3）求材料单价变动对产品直接材料成本的影响。

第三次替代：用实际单价替代计划单价。

第三次替代结果：实际产品产量 × 实际材料单耗 × 材料实际单价

单价变动的影响差额：实际产品产量 × 实际材料单耗 × 材料实际单价 - 实际产品产量 × 实际材料单耗 × 材料计划单价

（4）计算各项因素影响数值的代数和，其和应与总差额相等。

产量变动的影响差额 + 单耗变动的影响差额 + 单价变动的影响差额 = 总差异

例 1-3 A 公司 2015 年 11 月丙产品材料的消耗见表 1-5。

表 1-5 A 公司 2015 年 11 月丙产品材料的消耗表

项目	产量/件		单耗/（千克/件）		单价/（元/千克）		总成本/元	
	计划	实际	计划	实际	计划	实际	计划	实际
某材料	50	49	5	4.8	10	9	2 500	2 116.8
成本差异							-383.2	

材料成本 = 产量 × 单耗 × 单价

材料计划成本 = 50 × 5 × 10 = 2 500（元）

材料实际成本 = 49 × 4.8 × 9 = 2 116.8（元）

材料成本差异 = 2 116.8 − 2 500 = −383.2（元）

产量变化对成本差异的影响：(49 − 50) × 5 × 10 = −50（元）

单耗变化对成本差异的影响：(4.8 − 5) × 49 × 10 = −98（元）

单价变化对成本差异的影响：(9 − 10) × 49 × 4.8 = −235.2（元）

由此可知，上述三个因素的变化对成本差异的总影响为

$$(-50) + (-98) + (-235.2) = -383.2\text{（元）}$$

4. 连环替代法应注意的问题

（1）因素分解的关联性。确定构成经济指标的因素，必须是客观上存在因果关系，要能够反映形成该项指标差异的内在构成原因，否则就失去了分析的价值。

（2）因素替代的顺序性。替代因素时，必须按照各因素的依存关系，排列成一定的顺序并依次替代，不可随意加以颠倒，否则就会得出不同的计算结果。

（3）顺序替代的连环性。在计算每一个因素变动的影响时，都是在前一次计算的基础上进行，并采用连环比较的方法确定因素变化影响结果。因为只有保持计算程序上的连环性，才能使各个因素影响之和等于分析指标变动的差异，以全面说明、分析指标变动的原因。

（二）差额计算法

此法是连环替代法的简化形式，基本原理与连环替代法相同，其计算公式如下：

1. 产品产量因素变动对产品直接材料成本的影响

产量变动的影响差额 =（实际产品产量 − 计划产品产量）× 计划材料单耗 × 材料计划单价

2. 材料单耗变动对产品直接材料成本的影响

单耗变动的影响差额 = 实际产品产量 ×（实际材料单耗 − 计划材料单耗）× 材料计划单价

3. 材料单价变动对产品直接材料成本的影响

单价变动的影响差额 = 实际产品产量 × 实际材料单耗 ×（材料实际单价 − 材料计划单价）

公司基础资料、数据采集

实训目标与能力要求

本实训的目标是培养学生为进行会计报表分析采集基础资料和数据的能力。其能力要求是：

（1）能正确理解企业会计报表分析依据与分析内容之间的内在联系，并能查找相关资料。

（2）能够对所收集资料进行整理、归类和建档。

实训方式与内容

分行业、分小组，以 3 ~ 4 人为 1 小组，在指定的财经网站采集各自公司的基础资料、近三

年年度财务报告、近三年财务指标，采集行业近三年财务指标；对采集的资料进行整理归类，分别建立相关文档。

实训步骤

（1）根据学生对行业及相关公司的兴趣，由学生自己选择一个公司作为实训对象，并以行业为基础组成3～4人的实训小组。

（2）在指定财经网站，采集所选公司的基础资料及相关资料。

（3）学生对所采集的资料进行整理归类，并按要求形成相应文档（word文档，文档页面以A4纸，页边距上2.8cm，下2.5cm，左右各2.5cm，行距1.5倍，页码格式为阿拉伯数字，居中；总标题小三号、黑体，居中，空一行；一级标题小四、宋体、加粗；图表内文字小五号、宋体，二级标题和其他正文小四、宋体）。

（4）实训小组组长将小组成员的实训成果打包上传，由指导老师组织互评。

（5）指导老师根据学生实训成果的质量和互评结果确定实训成绩。

实训考核

根据学生采集资料的正确性、时效性和整理归类、建档的有效性、及时性和规范情况进行评分。

本章小结

会计报表是综合反映会计信息的载体，分析利用会计报表所提供的信息对投资人、债权人和经营者等都具有十分重要的意义。本章就会计报表分析的意义、内容、目的、前提、依据、原则、步骤、因素和方法等进行了阐述，为进行具体会计报表分析奠定了基础。本章的重点是有关会计报表分析的基本方法的阐述。

比较分析法是会计报表分析最常用的方法，在于通过报表中的某些项目或财务指标的不同时期、不同主体的比较，以分析评价企业的财务状况和经营业绩。

比率分析法是会计报表分析的最基本方法，在于通过会计报表中两个或两个以上指标之间的某种联系，来揭示企业的财务状况和经营业绩情况。我国企业财务指标评价体系主要是以比率的形式体现的，因此，进行会计报表分析必须掌握比率分析法。

趋势分析法是比较分析法的延伸，也是会计报表常用的分析方法，是通过连续数期会计报表中某些项目或指标的比较，来揭示企业会计报表中某些项目或指标的变动趋势，进而对企业未来财务状况与经营成果的发展趋势做出判断。

因素分析法是对比较分析法的深入，在于通过对比较差异的产生原因分析，揭示企业财务状况与经营成果变化的内在因素。

会计报表分析方法是一个方法体系，各种方法之间都可以有机地联系起来，只有综合运用这些方法，才能取得会计报表分析满意的效果。

课后复习与练习

一、复习思考题

1. 会计报表分析的内容包括哪些？
2. 会计报表分析的基本目的是什么？
3. 不同的报表分析者其分析报表的目的为什么不同？
4. 为什么会计报表分析要有前提？
5. 如何理解会计报表分析的原则？
6. 为什么会计报表分析有不同的标准？如何使用这些标准？
7. 简述会计报表比率分析的比率类型及其揭示的内容。
8. 在进行趋势分析时应注意哪些问题？

二、习　题

（一）填空题

1. 会计报表分析的内容，概括起来就是企业的________和________。
2. 趋势分析法中环比分析是各年数均与________比较，计算出趋势百分比。
3. 偿债能力是企业对________的能力或________。
4. 营运能力是________的能力。
5. 发展能力是企业在生存的基础上，________，________的潜在能力。
6. 会计报表分析的前提就是假定会计报表分析所依据的________，只有这样，分析才会有结果，分析的结论才会具有说服力。
7. 比率分析法是利用企业同一时期财务报表中两个或两个以上指标之间的某种关系，计算出一系列________，据以考察、分析和评价企业的财务状况、经营业绩的分析方法。
8. ________是以某个项目总额与相互关联但性质不同的项目总额加以对比所得的比率，反映有关经济活动的相互关系。
9. ________是某项经济指标的各个组成部分与总体的比率，反映部分与总体的关系。
10. ________是反映经济活动中投入与产出关系的比率。
11. 趋势百分比由于基期不同分为________和________两种。
12. 通过分析影响财务指标的各项因素并计算其对指标的影响程度，来说明本期实际与计划或基期相比财务指标变动或差异的主要原因的分析方法叫________。
13. 将一项综合性指标分解为各项构成因素，顺序用各项因素的实际数替代基数或计划数，分析各项因素影响综合指标的程度的一种方法叫________。

（二）单项选择题

1. 下列观点中，准确的表述是（　　）。
   - A. 会计报表分析仅仅是会计核算方法之一
   - B. 会计报表分析是财务会计报告的组成部分
   - C. 会计报表分析是一种专门的经济管理方法之一
   - D. 会计报表分析的目的是为决策提供依据

2. 企业投资者最关心的是（　　）。
A. 偿债能力　B. 营运能力　C. 盈利能力　D. 支付能力
3. 企业债权人最关心的是（　　）。
A. 偿债能力　B. 营运能力　C. 盈利能力　D. 发展能力
4. 以下属于企业外部因素的是（　　）。
A. 产品的市场地位　B. 政府的经济政策　C. 生产经营规模　D. 科研水平
5. 在会计报表分析中，不同企业比较的标准是（　　）。
A. 行业标准　B. 预算标准　C. 历史标准　D. 国家标准
6. 在会计报表分析方法中，最基本的方法是（　　）。
A. 比较分析法　B. 比率分析法　C. 趋势分析法　D. 因素分析法
7. 下列比率中能够较好地分析评价企业经营状况和经济效益水平的是（　　）。
A. 构成比率　B. 效率比率　C. 相关比率　D. 定基比率
8. 趋势分析法中环比分析是各年数均与（　　）比较，计算出趋势百分比。
A. 上年数　B. 第一年数　C. 各年平均数　D. 同行业先进数
9. 结构比率分析法是将财务报表中的某一关键项目作为（　　），再将其余有关项目换算为对关键项目的百分比，以揭示各个项目的相对地位和总体结构关系。
A. 基数　B. 100%　C. 分子　D. 分母

（三）多项选择题

1. 会计报表分析的内容包括（　　）。
A. 偿债能力分析　B. 资产资本结构分析
C. 营运能力分析　D. 盈利能力分析
E. 发展能力分析　F. 现金流转分析
2. 会计报表分析的基本目的是（　　）。
A. 衡量企业的财务状况　B. 评价企业的经营业绩
C. 评价企业发展潜力　D. 评价企业资源配置状况
3. 对财务报表进行分析，主要是对企业的（　　）进行分析。
A. 投资情况　B. 筹资情况　C. 财务状况
D. 经营成果　E. 现金流量
4. 企业会计报表分析主体有（　　）。
A. 企业投资者及潜在投资者　B. 企业债权人和客户
C. 企业管理者　D. 注册会计师
5. 下列项目中，属于会计报表分析标准的有（　　）。
A. 行业标准　B. 国家标准　C. 预算标准　D. 历史标准
6. 会计报表分析的基本方法有（　　）。
A. 比率分析法　B. 比较分析法　C. 趋势分析法　D. 因素分析法
7. 下列表述中，正确的有（　　）。
A. 各种会计报表分析方法是不能够混合使用的
B. 各种会计报表分析方法是能够混合使用的
C. 各种会计报表分析方法是相互补充的
D. 使用不同分析方法可以得出满足不同需要的分析结果

（四）判断题

(　　) 1. 会计报表分析就是找企业的毛病。

(　　) 2. 在进行趋势分析时不需要计算各种财务比率。

(　　) 3. 对结构比率可以进行趋势分析。

(　　) 4. 各种分析方法全部使用到一家企业的财务分析中就可以发现企业财务状况的所有问题。

(　　) 5. 分析企业财务状况的每一个问题都可以使用因素分析法。

(　　) 6. 会计报表分析既具有评价功能，又具有预测功能。

(　　) 7. 会计报表分析拓展了会计核算功能，同时又是企业财务管理的基本内容。

（五）计算分析题

某公司的本年实际主营业务收入与预算主营业务收入的比较数据如下：

实际主营业务收入：40 万元（8 万件 ×5 元/件）

预算主营业务收入：43.2 万元（9 万件 ×4.8 元/件）

差异：3.2 万元（不利）

要求：分别用差额计算法和连环替代法分析差异额，并进行简要分析。

第二章　资产负债表分析

通过本项目的学习，熟悉企业资本结构、资产结构、偿债能力的主要分析评价指标，明确各指标分析评价的内容，掌握各指标的计算与分析评价方法，为进行报表综合分析奠定基础。

能结合具体资产负债表，通过相关指标的计算与分析，对企业资产结构与资本结构的合理性、偿债能力的强弱做出评价。

教学引导

资产负债表是以“资产＝负债＋所有者权益”这一等式为理论基础，反映企业在特定时点财务状况的静态报表。它揭示了企业拥有或控制的能以货币表现的经济资源的规模及分布形态，同时也反映了企业全部资金的来源及其构成，是企业对外编报的主要报表之一。企业的资金来源结构是否合理、资源是否得到有效配置、债务是否能得到及时清偿等，都可以通过资产负债表分析来获取答案。企业财会人员要善于利用资产负债表所揭示的信息，通过分析为企业理财提供决策依据。

资产负债表究竟能够提供哪些信息，如何处理和利用这些信息，则是本章所要讲述的主要内容。

第一节　资本结构分析

一、资本结构的含义与类型

（一）资本结构的含义和分析目标

资本结构有广义和狭义之分。广义的资本结构是指企业全部资本的构成及其比例关系；狭义的资本结构是指长期资本的构成及其比例关系。

企业的资本结构是由企业采用各种筹资方式筹资而形成的。各种筹资方式的不同组合类型决定着企业的资本结构及其变化。通常情况下，企业都采用债务筹资和权益筹资的组合。因此，资本结构问题，实质上就是债务资本比率问题，也就是债务资本在整个资本中占多大比例。

资本结构决定企业的财务结构、财务杠杆的运用和融资决策的制定。资本结构分析的目标是资本结构的合理性，分析的实质是评价企业的筹资能力及其所面临的风险。

（二）资本结构的类型

不同企业或同一企业的不同时期，其资本结构是不同的，具体来说有以下三种类型：

1. 谨慎型资本结构

谨慎型资本结构是指企业的资金来源主要由权益资本和长期负债构成，亦即企业的长期资产和部分流动资产全部由主权资本和长期负债提供，流动负债只是满足于部分临时性流动资产占用所需资金。这种资本结构下，企业融资风险相对较小，而融资成本较高。出现这种情况通常是企业的收益水平不高，抗风险的能力比较弱。

2. 风险型资本结构

风险型资本结构是指企业的资金来源主要是由负债融资，特别是流动负债融资组成，亦即流动负债融资除满足全部临时性流动资产占用需要，还用于大部分非速动流动资产，甚至被用于长期资产，而主权资本和长期负债只是满足于长期资产或部分非速动流动资产。在这种资本结构下，企业融资风险增大，但融资成本相对较低，因此企业的收益水平也会增高。

3. 适中型资本结构

适中型资本结构是介于上述两种资本结构之间的一种形式。它是指企业的资金来源主要根据资金使用的用途来确定，用于长期资产和非速动流动资产的资金由主权资本和长期负债来提供，而临时性流动资产所需资金由流动负债来满足。这种资本结构下，企业的融资风险、融资成本和收益水平都是处于中等水平。

不同企业或同一企业的不同时期，由于对风险和收益的态度不同，故可以采取不同的融资结构，凡期望获得较高收益的企业，可以冒风险而采取风险型资本结构；凡期望获得较低而稳定收益的企业，可以不冒风险而采取谨慎型资本结构；凡期望获得平均收益的企业，可在冒一点风险的情况下，采取适中型资本结构。

二、债务资本的作用

资本结构直接揭示了企业不同资金来源的构成状况。企业之所以通过负债融资获取生产经营活动所需资金，是因为债务资本相对权益资本具有优势。

（一）负债融资具有成本低、方便灵活、满足急需等优势

通常情况下，负债融资的成本相对较低，可以随借随还，能满足企业临时的、短期资金周转的需要；而权益资本融资的成本相对较高，融资渠道比较单一、时间长、灵活性差，但不存在偿还，可供企业永久或持续使用。企业既采取负债融资也采取权益资本融资，可以取长补短，从而形成企业最优的资本结构。

（二）保持适度的负债是调剂资金余缺及提高所有者投资报酬率的前提

企业的生产经营活动直接受市场环境波动的影响，为保证企业生产经营活动的资金需要，一方面要求所有者投入部分稳定、可供持续使用的资金，另一方面则要根据资金实际需要，采取负债方式借入部分资金来加以补充。负债融资既方便又具有灵活性，当资金量过剩时，可偿还负债以减少资金，当资金量不足时，又可借入资金。同时，负债也可起到财务杠杆效应，从而提高所有者投资的报酬率。

（三）负债融资有利于优化企业的资产结构

通常情况下，企业流动负债提供的资金是与流动资产中临时性占用部分相对应的，而流动资产中稳定而长久占用部分（如必要的原材料储备等）所需资金则应由长期资金提供，所有者权益提供的资金一般是满足于企业长期及固定资产投资的需要。因此，不同的资本结构对资产结构有着直接影响。通过负债这一灵活的融资方式，来改变企业的资本结构类型，优化企业资产结构，是现代企业的通常做法。

三、影响资本结构的因素

企业的资金实力雄厚与否，一般应视资本结构而定。若资本结构健全合理，则资金实力定然充实，财力基础稳定，易于抵抗外界冲击和回避经营及财务风险，显示出强劲的长期偿债能力。因此，任何企业都在寻求最佳的资本结构，但客观地说，最佳资本结构是相对不同条件而言的，现实中根本没有绝对的最佳资本结构。这是因为，资本结构受许多因素制约和影响。

（一）企业的经营风险

企业的经营风险是指经营收益能否抵偿固定费用所面临的风险。企业所面临的经营风险大小，对筹资方式有直接的影响。经营风险大的企业，采用吸收投资的方式筹资比较理想。这是因为这种方式不用定期支付利息，不用按时偿还本金，便于采用较为稳固的财务基础来抵消部分经营风险。因此，经营风险大的企业，负债比例一般都比较小。（关于企业经营风险的分析与评价将在第七章会计报表综合分析中具体阐述）

（二）企业的财务状况和经营状况

企业的财务状况和经营状况对筹资方式有决定性的影响。一般而言，获利能力越大、财务状况越好、变现能力越强的企业，就越有能力负担财务上的风险，而财务风险背后带来的将是成倍的财务杠杆利益。因此，随着企业变现能力和获利能力的增强，举债筹资就越有吸引力。（关于企业财务风险的分析与评价将在第七章会计报表综合分析中具体阐述）

（三）销售的稳定性

销售是否稳定对企业的资本结构也有重要影响。如果一个企业的销售和盈余很稳定且呈增长趋势，则可较多地利用债务筹集资金；如果销售和盈余有周期性或波动性比较激烈，则负担固定债务费用将冒很大的风险，举债不能太多。

（四）税收政策

按照税法规定，企业债务的利息可以抵税，而股票的股利不能抵税。一般而言，企业所得税税率越高，借款举债的好处越大。由此可见，税收政策实际上对企业债权资本的安排产生一定的刺激作用。

（五）资本市场状况

资本市场状况对企业的融资渠道、融资方式、融资手段会产生直接影响。简单地说，通过银行借贷还是发行股票进行融资，所形成的企业资本结构是不同的。当市场银根宽松，利率较低时，企业会考虑从金融机构取得所需要的资金；相反则企业会考虑其他融资渠道或方式取得所需资金。

（六）企业所有者和管理人员的态度

企业所有者对企业控制权的态度，可能影响企业资本结构。如果企业的所有者不愿使企业的控制权旁落，则可能不愿增发新股票，而尽量采用债务筹资。

管理人员对待风险的态度，也是影响资本结构的一个因素。如果企业的主要领导人比较稳健，厌恶风险，则会减少债务资金的使用。

四、资本结构分析指标的计算与指标意义

进行资本结构分析的常用指标、计算公式及其指标意义见表2-1。

表2-1 资本结构主要财务指标

财务指标名称	计算公式	指标意义
负债对总资本比率	负债总额÷资本总额×100%	反映企业负债经营的程度。一般而言，负债资本比率越低，则企业的资金实力越强，债权保障程度越高
流动负债对总负债比率	流动负债÷负债总额×100%	反映企业依靠银行或短期债权人融资的程度
股东权益比率	股东权益总额÷资本总额×100%	反映所有者提供的资本在总资产中的比重，反映企业基本财务结构是否稳定

（续）

财务指标名称	计算公式	指标意义
股东权益与固定资产比率	股东权益 ÷ 固定资产 ×100%	反映企业财务结构稳定性，比率越高，稳定性越好
资本金比率	实收资本（股本）÷ 资本总额 ×100%	反映企业资本实力，比率越高，企业的资本实力越强
附加资本对资本金比率	附加资本 ÷ 实收资本（股本）×100%	反映企业资本安全程度，比率越高，资本金越有保障，债权越安全

除表 2-1 所列分析指标，还有其他一些指标可以选用，如负债权益比率、长期负债比率等。不管选用哪些指标，一定要结合企业的经营性质、经营规模、经营状况和企业所处的金融环境，同时还应与同行业的平均水平或行业先进水平进行比较，必要时还应进行趋势分析，以便做出准确的评价。

例 2-1 根据表 2-2、表 2-3 所示的 A 公司的资产负债表，可计算公司资本结构相关指标见表 2-4。

表 2-2　2014 年资产负债表

会企 01 表

编制单位：A 公司　　　　2014 年 12 月 31 日　　　　（单位：万元）

资　产	期末余额	年初余额	负债及所有者权益（或股东权益）	期末余额	年初余额
流动资产：			流动负债：		
货币资金	72 040	61 970	短期借款		
交易性金融资产			交易性金融负债		
应收票据			应付票据		
应收账款	13 991	10 789	应付账款	27 921	23 543
预付账款	5 213	5 930	预收账款	2 162	1 902
应收利息	150	87	应付职工薪酬	7 992	6 486
应收股利			应交税费	2 944	2 320
其他应收款	10 489	5 891	应付利息		
存货	14 128	11 639	应付股利		54
一年内到期的非流动资产		5 274	其他应付款	4 087	3 489
其他流动资产	10 000		一年内到期的非流动负债		
流动资产合计	126 011	101 580	其他流动负债		
非流动资产：			流动负债合计	45 106	37 794
可供出售金融资产	12 000		非流动负债：		

（续）

资　产	期末余额	年初余额	负债及所有者权益（或股东权益）	期末余额	年初余额
持有至到期投资			长期借款		
长期应收款			应付债券		
长期股权投资			长期应付款		
投资性房地产			专项应付款		
固定资产原值	117 305	107 990	预计负债		9
累计折旧	59 811	51 214	递延所得税负债	199	202
固定资产减值准备			其他非流动负债		
固定资产净值	57 494	56 776	非流动负债合计	199	211
在建工程	1 037	4 776	负债合计	45 305	38 005
工程物资			股东权益：		
固定资产清理			股本	65 431	43 265
无形资产	1 549	1 425	资本公积	42 452	53 191
开发支出	1 033	923	减：库存股		
商誉	24 901	25 129	盈余公积	11 016	7 873
长期待摊费用	27 920	19 139	未分配利润	83 551	62 274
递延所得税资产	2 865	2 136	归属于母公司股东权益合计	202 450	166 603
其他非流动资产	233		少数股东权益	7 288	7 276
非流动资产合计	129 032	110 304	所有者权益（或股东权益）合计	209 738	173 879
资产总计	255 043	211 884	负债和所有者权益总计	255 043	211 884

表 2-3　2013 年资产负债表

会企 01 表

编制单位：A 公司　　　　2013 年 12 月 31 日　　　　（单位：万元）

资　产	期末余额	年初余额	负债及所有者权益（或股东权益）	期末余额	年初余额
流动资产：			流动负债：		
货币资金	61 970	55 655	短期借款		
交易性金融资产			交易性金融负债		
应收票据			应付票据		
应收账款	10 789	8 608	应付账款	23 543	18 940

（续）

资　产	期末余额	年初余额	负债及所有者权益（或股东权益）	期末余额	年初余额
预付账款	5 930	4 792	预收账款	1 902	1 044
应收利息	87	128	应付职工薪酬	6 486	4 340
应收股利			应交税费	2 320	3 327
其他应收款	5 891	4 637	应付利息		
存货	11 639	9 507	应付股利	54	47
一年内到期的非流动资产	5 274	4 865	其他应付款	3 489	1 759
其他流动资产			一年内到期的非流动负债		6 400
流动资产合计	101 580	88 192	其他流动负债		
非流动资产：			流动负债合计	37 794	35 857
可供出售金融资产			非流动负债：		
持有至到期投资			长期借款		
长期应收款			应付债券		
长期股权投资			长期应付款		
投资性房地产			专项应付款		
固定资产原值	107 990	98 586	预计负债	9	22
累计折旧	51 214	40 773	递延所得税负债	202	214
固定资产减值准备			其他非流动负债		
固定资产净值	56 776	57 813	非流动负债合计	211	236
在建工程	4 776	997	负债合计	38 005	36 093
工程物资			股东权益：		
固定资产清理			股本	43 265	42 720
无形资产	1 425	1 500	资本公积	53 191	55 113
开发支出	923	910	减：库存股		
商誉	25 129	21 970	盈余公积	7 873	5 625
长期待摊费用	19 139	19 768	未分配利润	62 274	46 551
递延所得税资产	2 136	1 831	归属于母公司股东权益合计	166 603	150 009
其他非流动资产			少数股东权益	7 276	6 880
非流动资产合计	110 304	104 789	所有者权益（或股东权益）合计	173 879	156 889
资产总计	211 884	192 982	负债和所有者权益总计	211 884	192 982

表 2-4　A 公司资本结构相关指标表

指　标	2012 年	2013 年	2014 年	2014 年行业均值
负债对总资本比率（%）	18.70	17.94	17.76	60
股东权益比率（%）	81.30	82.06	82.24	40
流动负债对总负债比率（%）	99.35	99.44	99.56	80.2
股东权益与固定资产比率（%）	271.37	306.25	364.80	332.92
资本金比率（%）	22.14	20.42	25.65	28.39
附加资本对资本金比率（%）	267.25	301.89	220.55	178.56

表 2-4 显示，该公司三年来总体资本结构一直比较稳定，其中负债对总资本比率基本保持在 18% 左右，相应的权益资本比率则保持在 82% 左右，负债比率与权益资本比率变动幅度很小，且负债水平较低，财务风险较小。只有股东权益与固定资产比率变动比较大，由 271.37% 上升到 364.80%，结合资产负债表我们不难看出，这是由于权益资本增长大于固定资产增长的结果。

表 2-4 还显示，该公司流动负债对总负债的比率均保持在 99% 以上，表明公司负债基本是由流动负债构成，从理论上讲负债结构是很不合理的，它会给公司带来短期偿债压力。但由于该公司货币资金余额一直保持较高水平，占整个流动资产的一半以上，因此，应对短期债务是没有问题的。

另外，从表中还可以看出，该公司 2014 年整个资本结构指标与行业均值存在较明显的差异，相对于行业均值显得比较保守，当然也是更加安全的结构。

第二节　资产结构分析

资产是企业的经济资源，资源要能最大限度地发挥其功能，就必须有一个合理的配置，而资源配置合理与否，主要是通过资产负债表的各类资产占总资产的比重以及各类资产之间的比例关系即资产结构分析来反映的。企业合理的资产结构，是有效经营和不断提高盈利能力的基础，是应对财务风险的基本保证。

一、资产结构的含义和分析目标

资产结构就是指各种资产占企业总资产的比重，以揭示企业资产及其分布情况。

资产结构与资本结构一样，也决定着企业的财务风险类型。资产结构分析的目标是资产结构的合理性，分析的实质是评价企业资产的流动性及其所面临的风险。企业合理的资产结构，是有效经营和不断提高盈利能力的基础，是应对财务风险的基本保证。

二、资产结构的类型

进行资产结构分析主要是关注企业资产的流动性，特别是流动资产占总资产的比重。根据这个比重的大小，可以将企业的资产结构分为三种类型：

（一）保守型资产结构

保守型资产结构是指流动资产占总资产的比重偏大。在这种资产结构下，企业资产流动性较好，从而降低了企业的风险，但因为收益水平较高的非流动资产比重较小，企业的盈利水平同时也降低。因此，企业的风险和收益水平都较低。

（二）风险型资产结构

风险型资产结构是指流动资产占总资产的比重偏小。在这种资产结构下，企业资产流动性和变现能力较弱，从而提高了企业的风险，但因为收益水平较高的非流动资产比重较大，企业的盈利水平同时也提高。因此，企业的风险和收益水平都较高。

（三）适中型资产结构

适中型资产结构是指介于保守型和风险型之间的资产结构。

三、影响企业资产结构的主要因素

企业的资产按其流动性（变现速度）分为流动资产和非流动资产两类。非流动资产的主要内容是企业的固定资产，它反映企业的生产规模。在一定时期内，企业的固定资产一般变动不大，所以，在进行资产结构分析时，通常假定固定资产规模不发生重大变化。基于上述假定，流动资产在总资产中所占的比例大小通常受以下因素影响：

（一）企业的经营性质

企业的经营性质对资产结构有着极其重要的影响。不同经营性质的企业，其资产结构有着明显的区别。例如，生产企业较之流通企业需要更多的固定资产，在生产企业的资产结构中，固定资产占总资产的比重要远远大于流通企业。同样，生产企业中以机器设备作为主要加工手段的企业较之以手工作为主要加工手段的企业需要更多的固定资产；流通领域中批发企业较之零售企业需要更多的固定资产。另外，不同生产企业其生产经营周期的长短，也会影响资产结构。

（二）企业的经营特点

企业的经营特点对资产结构也有重要影响。有的企业是大批量稳定型生产企业，有的企业属于小批量波动型生产企业，还有的企业生产具有季节性。通常情况下，大批量稳定型生产企业流动资产占总资产的比例具有相对稳定性，流动资产内部各项目之间也具有相对稳定的比例关系。而小批量波动型生产企业流动资产占总资产的比例稳定性较差，特别是流动资产内部各项目的比例关系具有较大的波动性。就一般生产企业而言，生产初期，原材料存货占用比例较大，而在产品和产成品存货占用比例较小；随着生产过程的不断进行，原材料存货占用减少，在产品存货占用随之增加；生产完工后产品随之发出，相应货币资金和应收账款占用比例会逐步增加。

（三）企业经营状况

企业经营状况对资产结构也会产生一定影响，通常表现为：企业经营状况好、销售顺畅时，货币资金比重会相对提高，应收账款和存货比重会相对下降；相反，当企业经营不景气、销路不畅时，货币资金比重会相对减少，应收账款和存货比重会呈上升趋势。同时，当企业经营状况好、销售上升时，相应的生产规模必然扩大，从而使得企业固定资产所占用比例也会增大。通常情况下，企业经营状况好，资金周转速度加快，流动资产占用比例会相对下降。这是因为，企业固定资产占用是与其生产规模和销售规模相联系的，而流动资产占用则受应收账款和存货的周转速度影响。

（四）企业的风险偏好

企业的风险偏好对资产结构也将产生影响。通常情况下，同一企业在其经营规模稳定时，与固定资产相配合的流动资产有一定的比例，但在同行业中，各企业在配置自身流动资产时与行业平均流动资产比例有一定差异，这种差异的形成在于企业管理者对风险的态度。偏好高风险的企业流动资产的比重相对较小，企业使用的资金相对较少，因此资金报酬率相对较高；反之亦然。从企业自身流动资产需要量看，如果企业的流动资产除正常生产经营需要外保持正常的保险储备，企业的风险与报酬处于一般水平；如果企业的流动资产中保险储备高于正常水平，则说明企业管理者更偏好回避风险；如果企业的流动资产中保险储备低于正常水平，则说明企业的管理者更偏好高收益高风险。

（五）企业的市场环境

上述各因素对企业的影响都是由企业自身的性质和特点决定的，是一种企业内部的、微观的影响因素。与此同时，企业外部的、宏观的因素也会对企业生产经营活动产生巨大的影响。

当宏观的经济环境处于低潮时，市场萎缩、企业销售锐减、生产也不断下降，企业原材料、在产品存货都会减少，较低的产成品存货足以维持较低的销售量，存货资产比重降低；同时，销售的下降也会产生较少的应收账款。企业生产和销售的降低，会使企业生产经营支出减少，加之对应收账款的清理，会使企业产生较大的货币资金；如果宏观经济萎缩时间延长，企业也会取消或推迟新增固定资产计划，从而减少货币资金支出，使得货币资金比重逐渐上升。

当宏观经济环境变好或处于繁荣时期，企业销售日益剧增、生产不断扩大，企业积存的货币资金不断耗尽，存货资产逐渐增加；随着销售的不断增长，应收账款也会不断增加，新的固定资产投资也会加大，从而使得企业资产结构中货币资金比重下降，应收账款、存货、固定资产比重上升。

四、资产结构分析指标的计算与指标意义

与资本结构分析类似，资产结构分析也有相应的分析指标，比较常用的指标、计算公式及其指标意义见表2-5。

表 2-5 资产结构主要财务指标

财务指标名称	计算公式	指标意义
流动资产对总资产比率	流动资产总额÷资产总额×100%	反映企业资产的流动性，比率越高，表明企业资产的流动性和变现能力越强，偿债能力越强，承担风险的能力也越强
固定资产对总资产比率	固定资产总额÷资产总额×100%	反映企业资金运用状况，比率愈低，表明企业没有闲置资金
速动资产对流动资产比率	速动资产总额÷流动资产总额×100%	反映企业资产即时变现的程度。比率越高，表明企业资产即时变现能力越强，偿债能力越强，承担风险的能力也越强
现金资产对流动资产比率	现金资产总额÷流动资产总额×100%	反映企业现金资产占用程度。比重过大，会导致资金闲置，影响资金的使用效率

资产结构分析的目标是资产配置的合理性，运用上述指标进行资产结构分析时，一定要结合企业的经营性质、经营规模、技术水平、经营状况和企业所处的市场环境，同时还应与同行业的平均水平或行业先进水平进行比较，必要时还应进行趋势分析，以便做出准确的评价。除表 2-5 所列分析指标，还有其他一些指标可以选用，如对外投资比率、无形资产比率、流动资产与固定资产比率等。

例 2-2 根据表 2-2、表 2-3 所示的 A 公司资产负债表，可计算相关指标见表 2-6。

表 2-6 A 公司资产结构相关指标表

指 标	2012 年	2013 年	2014 年	2014 年行业均值
流动资产对总资产比率（%）	45.70	47.94	49.41	60.58
固定资产对总资产比率（%）	29.96	26.80	22.54	12.55
速动资产对流动资产比率（%）	89.22	88.54	88.79	31.4
现金资产对流动资产比率（%）	63.11	61.01	57.17	16.2

表 2-6 显示，该公司近三年资产结构变动不太明显，特别是速动资产对流动资产比率变化较小。流动资产对总资产比率分别由 2012 年的 45.70% 上升到 2014 年的 49.41%，固定资产对总资产比率由 2012 年的 29.96% 下降到 2014 年的 22.54%，体现了流动资产比率提高与固定资产比率下降的正相关，说明公司资产总体结构变动是正常的。

另外，该公司现金资产对流动资产比率由 2012 年的 63.11% 下降到 2014 年的 57.17%，但速动资产占比并没有明显变动，说明公司应对近期偿债的能力没有发生根本变化。但公司的现金对流动资产比率过大，而对外投资比重很小，而且只在 2014 年年末有 12 000 万元的可供出售金融资产。一方面说明公司对外投资渠道不畅、组织不力，另一方面也可能说明公司对外投资过于保守，不敢担风险。

第三节 偿债能力分析

一、企业偿债能力的含义与分类

（一）偿债能力含义与分析目标

企业的偿债能力是指在一定期间内清偿各种到期债务的能力。对于多数企业来说，资金来源除了所有者权益外，还有相当一部分来自对外负债。由于任何一笔债务都负有支付利息和到期偿还本金的责任，因此企业支付利息和到期偿还本金的能力就是其偿债能力。

企业偿债能力分析的目标是评价企业偿债能力的强弱。偿债能力的强弱是衡量经营绩效的重要指标，不仅关系到企业本身的生存和发展，同时也与债权人、投资者的利益密切相关。对企业内部而言，通过测定自身的偿债能力，有利于科学合理地进行筹资决策和投资决策；从企业外部来看，债权人将根据企业偿债能力的强弱确定贷款决策。现代企业是否经营良好的重要标志之一就是偿债能力的强弱。

（二）偿债能力分类

企业的偿债能力按其债务到期时间的长短分为短期偿债能力和长期偿债能力。

1. 短期偿债能力

短期偿债能力是指一个企业以其流动资产支付流动负债的能力，又称企业的支付能力。决定一个企业短期偿债能力强弱的主要因素，一是企业营运资金的多少，二是企业流动资产变现速度的快慢。如果企业的营运资金较多、流动资产变现速度快，企业的短期偿债能力就强；反之，则企业的短期偿债能力就会减弱。因此，企业的短期偿债能力分析通常又称为营运资金分析。

2. 长期偿债能力

长期偿债能力是指企业偿还长期债务的能力。衡量企业长期偿债能力主要看企业资金结构是否合理、稳定以及企业长期盈利能力的大小。长期偿债能力分析是企业债权人、投资者、经营者和与企业有关联的各方面等都十分关注的重要问题。站在不同的角度，分析的目的也有所区别，但归纳起来主要有：一是评价企业的偿债能力，揭示企业所承担的财务风险程度；二是发现影响长期偿债能力的因素，进而采取相应对策以避免由于企业长期偿债能力不足所带来的风险。

二、企业偿债能力分析指标的计算与指标意义

表 2-7 偿债能力主要财务指标

财务指标类型、名称		计算公式	指标意义
短期偿债能力	流动比率	流动资产 ÷ 流动负债	反映企业以流动资产抵偿其流动负债的程度，流动比率越高，企业短期偿债能力越强
	速动比率	速动资产 ÷ 流动负债 速动资产 = 流动资产 − 存货	反映企业近期偿债能力，速动比率越高，企业近期偿债能力越强
	现金比率	（货币资金 + 短期证券）÷ 流动负债	反映随时偿付流动负债能力的程度，比率越高，企业即期偿债能力越强
长期偿债能力	资产负债率	负债总额 ÷ 资产总额 ×100%	反映企业总体偿债能力，比率越低，企业偿债能力越强
	资本固定化比率	（资产总计 − 流动资产合计）÷ 所有者权益合计 ×100%。	反映公司自有资本的固定化程度，该指标值越低，表明公司自由资本用于长期资产的数额相对越少，长期偿债压力越小
	权益乘数	资产总额 ÷ 所有者权益总额	反映资产总额与所有者权益的倍数关系，倍数越大，说明企业资产对负债的依赖程度越高，风险越大
	产权比率	负债总额 ÷ 股东权益 ×100%	反映企业负债经营的程度，比率越低，企业长期偿债能力越强
	利息保障倍数（已获利息倍数）	息税前利润 ÷ 利息费用	反映企业获利能力对偿还到期债务的保证程度。倍数越大，保障程度超高

表 2-7 中所列指标除利息保障倍数需要利用利润表的数据进行计算外，其他指标都是依据资产负债表数据进行计算。利息保障倍数既可以用来反映长期偿债能力，也可以用来反映企业的获利水平。

除表 2-7 所列分析指标，还有其他一些指标可以选用，如营运资金比率、有形资产债务比率、带息负债比率、或有负债比率等，具体选用时可根据分析主体和分析对象的实际确定。

三、影响企业偿债能力的主要因素

（一）影响短期偿债能力的主要因素

1. 应收账款的变现速度

从流动性角度来看，应收账款周转率越高，表明收款迅速，而且能减少收账费用和坏账损失，同时也表明企业的资金流动性高、偿付能力强；相反，如果应收账款周转率很低，表明应收账款变现很慢，进而会增加收账费用和坏账损失。如果应收账款占流动资产比重很大，即使

流动比率和速动比率指标都很高，但其短期偿债能力仍值得怀疑，还要进一步分析原因，及时采取改进措施。

2. 存货的变现速度

就一般企业而言，存货在流动资产中占有相当比重。尽管存货不能直接用于偿还流动负债，但是如果企业的存货变现速度较快，意味着资产的流动性良好，会有较大的现金流入量在未来注入企业。存货对企业经营活动的变化非常敏感，这就要求企业将存货控制在一定水平上，使其与经营活动基本上保持一致。因此，分析企业短期偿债能力时，必须考虑存货变现速度。而反映存货变现速度的重要指标就是存货的周转率。存货的周转率越高，表明存货变现速度越快，反之，存货变现速度越慢。

3. 其他因素

上述应收账款和存货的变现速度属于表内因素，可以从会计报表资料中取得。但还有一些表外因素也会影响企业的短期偿债能力，甚至影响力相当大，包括可动用的银行贷款指标、准备很快变现的长期资产、承担的担保责任、偿债能力的声誉、未做记录的或有负债等。

（二）影响长期偿债能力的主要因素

1. 企业的资本结构

资本结构决定了企业偿债压力的大小，不同的资本结构对企业的偿债压力将产生最直接的影响。因此，改变资本结构，是减轻或加重企业偿债压力的关键，即增加权益资本相对减少负债资本能够从根本上提高企业的偿债能力。

2. 企业的资产结构

企业的负债最终是要由企业的资产来清偿的。合理的资产结构，能够最大限度地发挥资产的效用，增加企业收益，是提高企业长期偿债能力的最根本保证。

3. 其他因素

除资产、资本结构等表内因素外，长期租赁、对外长期担保等表外因素对企业长期偿债能力的影响也不能忽视。例如，企业的经营租赁量比较大、期限比较长或具有经常性时，则构成了一种长期性筹资，这种长期性筹资虽然不包括在长期负债之内，但到期时必须支付租金，从而对企业的偿债能力产生影响。

四、企业偿债能力分析实例

例2-3 根据表2-2、表2-3所示的A公司的资产负债表，A公司2012至2014年三年主要偿债能力指标计算结果见表2-8。

表2-8 A公司偿债能力计算分析表

指 标	2012年	2013年	2014年	2014年行业均值
流动比率	2.46	2.69	2.79	1.64
速动比率	2.19	2.38	2.48	0.74
现金比率	1.55	1.64	1.60	0.11
资产负债率（%）	18.70	17.94	17.76	60

（续）

指 标	2012 年	2013 年	2014 年	2014 年行业均值
资本固定化比率（%）	66.79	63.44	61.52	79.92
权益乘数	1.23	1.22	1.22	2.5
产权比率（%）	23.01	21.86	21.60	35

表2-8显示，A公司从2012年到2014年每年的流动比率均大于2、速动比率在2以上、现金比率均超过1，远超行业平均值，表明公司流动负债随时清偿都不存问题，公司短期偿债能力超强。从公司长期偿债能力指标看，三年中资产负债率均没有达到20%，权益乘数才1.2多一点，而且产权比率也仅仅在20%出头，均远远低于行业平均值，表明长期偿债能力也很强。

再从资本固定化比率看，三年中虽然有些变化，但最高的2012年也才66.79%，远低于行业平均值，表明公司自有资本远超过长期资产的占款需要，也表明公司的资金实力和长期偿债能力强。

A公司偿债能力如此之强的原因，一是公司整体负债水平低，特别是长期负债更低；二是公司流动资产占比较大，且流动性特强。另外，也可以反映出公司业务扩展不够，或公司经营过于保守，使大量的资金闲置，从而失去了增加更多收益的机会。从这个角度来说，该公司需要在发展战略、经营策略上进行改进，充分发挥现有资金的作用，为公司带来更多利益。

五、企业偿债能力分析应注意的问题

（一）短期偿债能力分析应注意的问题

进行短期偿债能力分析时，除了正确计算与运用相关分析指标外，应注意以下几点：

1. 数据资料的时点性

它是指计算流动比率指标的数据资料取自时点，流动比率仅能表示一个企业在特定时点的短期偿债能力。例如，A公司2014年的流动比率为2.79，这一比率仅仅反映2014年12月31日流动资产与流动负债的比例关系，这种静止状态的比率与未来的资金流动量之间并没有必然的因果联系。

2. 流动资产与流动负债在时间上的配合

流动比率仅仅反映流动资产与流动负债在数量上的比例关系，没有考虑两者之间在时间上的配合问题。尽管企业的流动资产有很多种，但立即可以用于偿还企业流动负债的资产并不多。例如，A公司尽管2014年的流动资产为297 708万元，但其中仅有货币资金93 290万元可以立即用于偿还流动负债，其余的流动资产都需要变现后才能用于偿还企业的债务。

3. 流动资产的内部结构

流动比率高，并不意味着企业有足够的现金或存款可用来还债。因为流动资产中还有变现能力相对不强的应收账款、预付款和存货等。流动比率高，也许是存货积压、应收账款或预付款增多，而现金和存款可能并不充足；速动比率虽然高，但应收账款所占比重大且回款率不高，仍然会严重影响企业近期偿债能力。

4. 不能片面地追求高比率

速动比率高表明近期偿还流动负债的能力强，但过高的速动比率也会造成资金的闲置；特别是过高的现金比率，实际上意味着企业已经失去或正在失去若干有利的流转机会或投资机会，从而丧失相应的周转利益和投资利益，即带来较高的机会成本。对一般企业而言，维持流动比率为2、速动比率为1是比较适合短期偿债状况的。

（二）长期偿债能力分析时应注意的问题

1. 分析主体的关注点

各利益主体（如债权人、所有者、经营者）因不同的利益驱动而从不同的角度评价企业的长期偿债能力。

首先，对企业债权人而言，他们最为关心的就是所提供的信贷资金的安全性，期望能于约定时间收回本息。这必然决定了债权人总是要求资产负债比率、产权比率越低越好，希望企业的每一元债务都有更多的资产做后盾。如果企业的主权资本较少，表明投资者投入的份额不足，经营过程中创造和留存收益的部分较少，债权人就会感到其债权风险较大，因此做出提前收回贷款、转移债权或不再提供信贷的决策。

其次，对企业所有者来说，负债比率高，有以下好处：① 当总资产净利率高于负债利率时，由于财务杠杆的作用，可以提高股东的实际报酬率；② 可用较少的资本取得企业的控制权，且将企业的一部分风险转嫁给债权人，对企业来说还可获得资金成本低的好处。但债务同时也会给投资者带来风险，因为债务的成本是固定的。如果企业经营不善或遭受意外打击而出现经营风险时，由于收益大幅度滑坡，贷款利息还需照常支付，损失必然由所有者负担，由此增加了投资风险。

第三，从企业经营者角度来看，负债比率的高低在很大程度上取决于经营者对企业前景的信心和对风险所持的态度。如果企业经营者经营风格较为激进，认为企业未来的总资产净利率将高于负债利率，就会提高负债率，以获取更多的杠杆收益；反之，经营者经营风格较为保守，必然倾向于尽量使用自有资本，避免因负债过多而冒较大的风险，此时负债比率会比较低。尽管如此，即便较为激进的经营者，也不能使负债比率过高，应将其控制在适度水平上，否则将不能为债权人所接受，企业的后续贷款会难以为继。因此，经营者利用债务时，既要考虑其收益性，又要考虑由此而产生的风险，审时度势，做出最优决策。

2. 最佳标准的确定

最佳资产负债比率的确定要结合企业的具体实际。企业资产负债比率多少为佳，并没有一个公认的标准。在分析和评价时，通常要结合国情、同行业的平均水平、本企业的前期水平及其预算水平来进行。

就行业比较而言，一般来讲，第一产业为20%、第二产业为50%、第三产业为70%较为合理。

就企业比较而言，将长期偿债能力指标与其他企业或行业平均水平进行对比分析时，要注意把握用于计算的各个数字的实际内涵，剔除差异因素后，再做评价。

3. 各长期偿债能力指标之间的内在联系

资本固定化率、权益乘数、产权比率与资产负债率都是用于衡量长期偿债能力的，具有共同的经济意义，可以互相补充。在资产负债率分析中应当注意的问题，在资本固定化率、权益乘数和产权比率分析中也应引起注意。

企业偿债能力分析

实训目标与能力要求

本实训目标是培养学生对企业偿债能力进行分析和评价的能力。其能力要求是：

（1）掌握企业偿债能力分析指标及其变动的计算。
（2）能够灵活运用企业偿债能力分析方法对案例进行分析评价。

实训方式与内容

在第一章同步实训分行业、分小组和取得的各自公司基础资料和数据资料的基础上，计算和分析公司的偿债能力，撰写专题分析报告（文档格式要求同前），参加讨论与讲评。

实训步骤

（1）根据各自公司近三年的资产负债表，编制公司偿债能力计算分析表，将公司近三年偿债能力各项指标计算结果填入表中。

（2）查找同行业偿债能力平均值，填入计算分析表中。

（3）根据公司偿债能力计算分析表和公司资产负债表，对公司偿债能力进行分析评价，分析时同组同学应在一起进行交流、讨论，形成各自的分析评价结论，并按要求形成分析报告。

（4）实训小组组长将小组成员的实训成果（分析报告）打包上传，由指导老师组织互评。

（5）指导老师根据学生实训成果的质量和互评结果确定实训成绩。

实训考核

根据学生选择计算分析方法的正确性、指标计算结果的准确性、分析报告写作和参与讨论情况进行评分。

本章小结

资产负债表所提供的是企业的静态财务状况信息，而财务状况是企业生产经营过程中最核心的问题之一，企业财务状况如何，直接关系着企业的生存与发展。本章以资产负债表为依据，重点阐述资产、资本结构对企业财务状况的影响和企业偿债能力计算与分析评价的内容、方法。

了解和认识企业的资产、资本结构状况是进行财务状况分析评价的必然要求。企业资产结构是否合理，关系到企业资源的利用效果和应对财务风险的能力；企业资本结构是否合理，不仅体现了企业的经济实力，而且直接影响到企业经济基础的稳定。

偿债能力是企业财务状况最基本的指标，是债权人最为关心的资讯。企业偿债能力的大小，不仅体现在企业应对财务风险的程度，而且直接影响企业生产经营的正常进行。

通过对企业短期偿债能力的计算与分析，评价企业应对短期财务风险的能力，为债权人或企业经营的决策提供依据。

通过长期偿债能力的计算与分析，评价企业未来应对财务风险的能力，为债权人、投资者提供决策依据。

资产负债表同利润表、现金流量表有机结合起来，还能评价企业的营运能力和未来现金支付能力，为经营者、投资者和长期债权人提供决策依据。

课后复习与练习

一、复习思考题

1. 影响企业资产结构的因素有哪些？
2. 对流动资产比率合理性分析应注意哪些问题？
3. 资本结构的含义是什么？影响资本结构的因素有哪些？
4. 如何进行流动比率分析？对流动比率分析应注意哪些问题？
5. 如何理解流动比率、速动比率和现金比率的相互关系？
6. 什么是资产负债率？对其分析时应注意哪些问题？
7. 影响长、短期偿债能力的其他因素有哪些？
8. 为什么债权人认为资产负债率越低越好，而投资人认为应保持较高的资产负债率？

二、习　题

（一）填空题

1. 企业资本由________和________组成。
2. 狭义的资本结构是指________________的构成及其比例关系。
3. 权益资本比率是指所有者权益总额与________的比率，亦称________。
4. 负债资本比率是指________与________的比率，亦称________________。
5. 负债权益比率是指________与________的比率，亦称________________。
6. 流动比率是指________与________的比率。
7. 速动比率是指________与________的比率。
8. 现金比率是指________与________的比率。
9. 权益乘数是指________与________的比例关系，是________的倒数。

（二）单项选择题

1. 将资产分为流动资产和非流动资产两大类的分类标志是资产的价值转移形式及其（　　）。
   A. 占用期限　　B. 变现速度　　C. 占用形式　　D. 获利能力
2. 狭义的资本结构是指企业的（　　）的构成和比例关系。
   A. 权益资本与长期负债　　B. 长期债权投资与流动负债
   C. 长期应付款与固定资产　　D. 递延资产与应付账款
3. 某公司在营运资金大于零的情况下，若把超过一定期限的应收账款注销，将（　　）。
   A. 降低速动比率　　B. 增大速动比率　　C. 增加营运资本　　D. 增大流动比率
4. 某公司现在的流动比率为2，下列会引起该比率降低的经济业务是（　　）。
   A. 用银行存款偿还应付账款　　B. 发行股票收到银行存款
   C. 收回应收账款　　D. 购货开出商业汇票
5. 如果流动比率大于1，则下列结论成立的是（　　）。
   A. 速动比率大于1　　B. 现金比率大于1

C. 营运资金大于0　　D. 短期偿债能力绝对有保障

6. 在企业速动比率是0.8的情况下，会引起该比率提高的经济业务是（　　）。
A. 银行提取现金　　B. 赊销商品
C. 收回应收账款　　D. 购货开出商业汇票

7. 影响企业短期偿债能力的最根本的原因是（　　）。
A. 企业的资产结构　　B. 企业的融资能力
C. 企业的权益结构　　D. 企业的经营业绩

8. 如果某公司流动比率很高，而速动比率很低，原因可能是（　　）。
A. 有大量的应收账款　　B. 有大量的存货
C. 有大量的流动负债　　D. 现金比率太高

9. 下列不影响现金比率的业务是（　　）。
A. 将还有两个月到期的应收票据贴现　　B. 将赊销比率降低
C. 压缩采购存货量　　D. 出售固定资产

10. 企业（　　）时，可以增强短期偿债的实际能力。
A. 取得应收票据贴现款　　B. 为其他单位提供债务担保
C. 拥有较多的长期资产　　D. 有可随时动用的银行贷款指标

11. 下列各项中，可能导致资产负债率变化的经济业务是（　　）。
A. 收回应收账款
B. 用现金购买债券
C. 接受投资者投入的固定资产
D. 以固定资产对外投资（按账面价值作价）

12. 企业的长期偿债能力主要取决于（　　）。
A. 资产的流动性　　B. 长期盈利能力
C. 资产的多少　　D. 债务的多少

13. 就一般企业而言，理想的有形净值债务率应维持在（　　）的比例。
A. 3:1　　B. 2:1　　C. 1:1　　D. 0.5:1

14. 某公司的流动资产为230 000元，长期资产为4 300 000元，流动负债为105 000元，长期负债830 000元，则资产负债率为（　　）。
A. 19%　　B. 18%　　C. 45%　　D. 21%

15. 某公司2014年年末资产总额为9 800 000元，负债总额为5 256 000元，则产权比率为（　　）。
A. 1.16　　B. 0.54　　C. 0.46　　D. 0.86

（三）多项选择题

1. 下列项目中，属于速动资产的有（　　）。
A. 现金　　B. 应收账款　　C. 其他应收款　　D. 存货

2. 下列各项指标中，反映短期偿债能力的指标有（　　）。
A. 流动比率　　B. 资产负债率　　C. 速动比率　　D. 有形净值债务比率

3. 计算速动资产时，把存货从流动资产中扣除的原因有（　　）。
A. 存货的变现速度慢　　B. 存货的周转速度慢
C. 存货的成本与市价不一致　　D. 有些存货可能已经报废
E. 有些存货可能已经被抵押

4. 某公司流动比率为2，以下业务会使该比率下降的是（　　）。
A. 收回应收账款　　B. 赊购商品与材料
C. 偿还应付账款　　D. 从银行取得短期借款已入账
E. 赊销商品
5. 影响企业资产结构的因素包括（　　）。
A. 企业的经营特点　　B. 企业的经营风险偏好
C. 企业的市场环境　　D. 企业的经营规模
E. 企业的经营性质
6. 造成流动比率不能正确反映偿债能力的原因有（　　）。
A. 季节性经营的企业销售不均衡　　B. 大量使用分期付款结算方式
C. 年末销售大幅度上升或下降　　D. 大量的销售为现销
E. 存货计价方式发生改变
7. 若流动比率大于1，则下列结论不一定成立的是（　　）。
A. 速动比率大于1　　B. 营运资金大于零
C. 资产负债率大于50%　　D. 短期偿债能力绝对有保障
8. 流动比率为1.2，则赊购材料一批（不考虑增值税），将会导致（　　）。
A. 流动比率提高　　B. 流动比率不变
C. 流动比率降低　　D. 速动比率降低
9. 关于资产负债率，评价正确的是（　　）。
A. 从债权人的角度看，负债比率越大越好
B. 从债权人的角度看，负债比率越小越好
C. 从股东角度看，负债比率越高越好
D. 从股东角度看，当资产利润率高于债务利息率时，负债比率越高越好
10. 只是改变企业的资产负债比例，不会改变原有股权结构的筹资方式是（　　）。
A. 短期借款　　B. 发行债券　　C. 吸收投资
D. 接受捐赠　　E. 赊购原材料

（四）判断题

（　　）1. 对债权人而言，企业的资产负债率越高越好。
（　　）2. 对任何企业，速动比率应该大于1才是正常的。
（　　）3. 流动比率越高，表明企业资金运用效果越好。
（　　）4. 获利能力强的企业，其偿债能力也强。
（　　）5. 从稳健角度出发，现金比率用于衡量企业偿债能力最为保险。
（　　）6. 速动比率降低，营运资本一定减少。
（　　）7. 在速动比率提高的情况下，流动比率一定也提高。
（　　）8. 流动比率、速动比率、营运资本、现金比率都可以反映企业的短期偿债能力。

（五）计算分析题

1. 资料：D公司是一家金属加工机械制造企业，目前处于成熟发展阶段，经济效益较好。2015年12月31日资产负债表见表2-9。

表 2-9　D 公司 2015 年度资产负债表

会企 01 表

编制单位：D 公司　　2015 年 12 月 31 日　　（单位：元）

资　产	期末余额	年初余额	负债及所有者权益（或股东权益）	期末余额	年初余额
流动资产：			流动负债：		
货币资金	486 072	232 000	短期借款	100 000	
交易性金融资产	250 000	150 000	应付票据	250 000	100 000
应收票据	270 000	132 000	应付账款	129 800	150 000
应收账款	411 660	181 000	预收账款	40 000	
应收股利	580 000	500 000	应付职工薪酬	67 000	50 000
其他应收款	18 000	15 000	应交税费	111 000	100 068
存货	520 000	630 000	应付股利	600 000	800 000
一年内到期的非流动资产			其他流动负债	24 000	20 000
流动资产合计	2 535 732	1 840 000	流动负债合计	1 321 800	1 220 068
非流动资产：			非流动负债：		
可供出售金融资产			长期借款	1 190 000	480 000
持有至到期投资			递延所得税负债		
长期股权投资	1 900 000	1 300 000	非流动负债合计	1 190 000	480 000
投资性房地产			负债合计	2 511 800	1 700 068
固定资产	2 180 000	2 100 000	股东权益：		
在建工程	342 000		股本	2 000 000	2 000 000
无形资产	580 000	350 000	资本公积	1 000 000	700 000
长期待摊费用	120 000	150 000	减：库存股		
递延所得税资产			盈余公积	1 200 632	989 732
其他非流动资产			未分配利润	945 300	350 200
非流动资产合计	5 122 000	3 900 000	股东权益合计	5 145 932	4 039 932
资产总计	7 657 732	5 740 000	负债和所有者权益总计	7 657 732	5 740 000

2. 要求：

（1）计算表 2-10 中 D 公司的有关财务比率。

（2）对 2015 年 D 公司的偿债能力进行综合评价。

（3）与年初比较，D 公司财务状况变动情况如何？

（4）与行业平均水平比较，说明 2015 年年末 D 公司可能存在的问题。

表 2-10　D 公司 2015 年度相关财务比率

财务比率	D 公司 2015 年年末	D 公司 2015 年年初	行业平均水平
1. 流动比率			2. 00
2. 速动比率			0. 80
3. 资产负债率			50%
4. 产权比率			100%

第三章 利润表分析

通过本章的学习，了解企业盈利结构对盈利水平的影响，熟悉企业盈利能力、营运能力、发展能力的主要分析评价指标，明确各指标分析评价的内容，掌握各指标的计算与分析评价方法，同样，也为进行报表综合分析奠定基础。

能够根据利润表并结合资产负债表，通过相关指标的计算与分析，对企业的盈利能力、营运能力、发展能力做出评价。

教学引导

利润表是反映企业一定时期经营成果的会计报表。对利润表的分析不仅能够了解企业的盈利能力和发展趋势，而且与资产负债表结合分析还能评价企业的营运能力、发展能力以及长期偿债能力，同时将利润表有关项目与现金流量表的净流量比较，还可以了解企业盈利与收现的内在联系，判断企业当期实现利润的含金量。利润表是会计报表使用者最为关心的“三大会计报表”之一，会计人员要善于利用利润表所揭示的信息，积极为企业经营决策提供分析依据。

利润表究竟能够提供哪些信息，如何处理和利用这些信息，则是本章所要讲述的主要内容。

第一节 企业盈利结构分析

企业的盈利结构是指构成企业利润的各种不同性质盈利的有机搭配比例。通过对企业盈利结构的分析，可以认识不同的盈利项目对企业盈利能力影响的性质，掌握它们各自的影响程度。不同的盈利项目对企业盈利能力的评价，有其不同的作用和影响；不同的盈利比重对企业盈利能力的作用和影响程度也不相同。盈利结构分析包括收支结构分析和盈利结构分析。

一、收支结构分析

企业利润表中的盈利通常是通过收入与支出的配比计算出来的，分析盈利结构，首先要分析收支结构。

企业的收支结构有两层含义：① 企业的总利润是怎样通过收支来形成的，② 企业的收入和支出是由哪些不同的收入和支出项目构成的。

1. 收支总量分析

收支结构分析的起点就是了解企业在一定时期内的总收入是多少，总支出是多少，总收入减去总支出后总利润是多少。通过收支结构分析可以判明企业盈利形成的收支成因，能够揭示出企业的支出占收入的比重，从整体上说明企业的收支水平。

2. 收支内部结构分析

收支结构的第二层分析就是要揭示各个具体的收入项目或支出项目占总收入或总支出的比重。我们知道，企业的收入是按取得收入业务的不同来划分的，分为营业收入、投资收益、营业外收入和其他综合收益等。由于不同的业务在企业经营中的作用不同，对企业生存和发展的影响程度也不一样，所以不同的业务取得的收入对企业盈利能力的影响不仅有量的差别，而且有质的不同。分析收入结构的目的，就是要把握这种差别。

与收入有所不同，企业的支出是按支出的性质分为营业成本、营业税金及附加、销售费用、管理费用、财务费用、营业外支出和所得税费用等。通过对支出的分类能揭示不同的支出与收入之间的联系，从而判明支出结构的合理性和支出的有效性。同前所述，不同的业务在企业经营中有不同的作用，不同性质的支出对企业盈利能力的影响也有差别。分析支出结构的目的，是要把握这种差别，从而能进一步判断支出的有效性。

例 3-1 根据表 3-1、表 3-2 所示的 A 公司 2014 年度和 2013 年度利润表，A 公司收支结构计算见表 3-3。

表3-1 利 润 表

会企02表

编制单位：A公司 2014年12月 (单位：万元)

项 目	本期金额	上期金额
一、营业收入	240 205.00	198 497.00
减：营业成本	132 321.00	107 398.00
营业税金及附加	329.80	277.09
销售费用	27 278.20	22 919.60
管理费用	38 062.00	34 686.70
财务费用	-387.70	-300.31
资产减值损失	1 328.36	1 474.42
加：公允价值变动收益（损失以“-”号填列）		
投资收益（损失以“-”号填列）	1 661.76	
其中：对联营企业和合营企业投资收益		
二、营业利润（损失以“-”号填列）	42 935.10	32 041.50
加：营业外收入	815.96	452.60
减：营业外支出	3 042.36	2 004.20
其中：非流动资产处置损失	106.83	37.44
三、利润总额（损失以“-”号填列）	40 708.70	30 489.90
减：所得税费用	9 420.30	8 558.30
四、净利润（损失以“-”号填列）	31 288.40	21 931.60
五、其他综合收益		
六、综合收益总额	31 288.40	21 931.60
七、每股收益：		
（一）基本每股收益	0.47	0.52
（二）稀释每股收益	0.48	0.51

公司法定代表人： 主管会计工作负责人： 会计机构负责人：

表3-2 利 润 表

会企02表

编制单位：A公司 2013年12月 (单位：万元)

项 目	本期金额	上期金额
一、营业收入	198 497.00	164 013.00
减：营业成本	107 398.00	90 250.00
营业税金及附加	277.09	135.81
销售费用	22 919.60	19 780.40
管理费用	34 686.70	28 440.60

（续）

项　目	本期金额	上期金额
财务费用	−300.31	−246.91
资产减值损失	1 474.42	412.60
加：公允价值变动收益（损失以“−”号填列）		
投资收益（损失以“−”号填列）		
其中：对联营企业和合营企业投资收益		
二、营业利润（损失以“−”号填列）	32 041.50	25 240.50
加：营业外收入	452.60	385.36
减：营业外支出	2 004.20	984.56
其中：非流动资产处置损失	37.44	54.99
三、利润总额（损失以“−”号填列）	30 489.90	24 641.30
减：所得税费用	8 558.30	6 434.20
四、净利润（损失以“−”号填列）	21 931.60	18 207.10
五、其他综合收益		
六、综合收益总额	21 931.60	18 207.10
七、每股收益：		
（一）基本每股收益	0.52	0.43
（二）稀释每股收益	0.51	0.43

公司法定代表人：　　　　主管会计工作负责人：　　　　会计机构负责人：

表3-3　A公司收支结构计算分析表

（单位：万元）

分类		2014年		2013年		2012年	
		金额	占比（%）	金额	占比（%）	金额	占比（%）
收入结构	总收入	242 682.72	100	198 949.60	100	164 398.36	100
	营业收入	240 205.00	98.98	198 497.00	99.77	164 013.00	99.77
	投资收益	1 661.76	0.68				
	营业外收入	815.96	0.34	452.60	0.23	385.36	0.23
支出结构	支出总额	201 974.02	100	168 459.70	100	139 757.06	100
	营业成本	132 321.00	65.51	107 398.00	63.75	90 250.00	64.58
	营业税金及附加	329.80	0.16	277.09	0.16	135.81	0.10
	销售费用	27 278.20	13.51	22 919.60	13.61	19 780.40	14.15
	管理费用	38 062.00	18.84	34 686.70	20.59	28 440.60	20.35
	财务费用	−387.70	−0.19	−300.31	−0.18	−246.91	−0.18
	资产减值损失	1 328.36	0.66	1 474.42	0.88	412.60	0.30
	营业外支出	3 042.36	1.51	2 004.20	1.19	984.56	0.70

表3-3显示，A公司收支结构总体收支结构基本保持稳定，没有出现较大的结构性变化。在收入结构中，2012年和2013年营业收入占比接近100%，2014年仍然高达98.98%，表明该公司收入基本依靠营业收入。在支出结构中，营业成本占比均在65%左右，是支出的主体，且保持稳定。值得注意的是，在整个支出中虽然营业外支出占比不大，但其占总支出的比重呈不断上升的趋势，应加以控制。

二、盈利结构分析

将不同性质的收入和支出按业务加以配比，可计算出相应业务的利润。企业利润主要由主营业务利润、其他业务利润、投资收益和营业外收支净额构成。盈利结构分析一方面的内容就是分析企业总利润中各种利润所占的比重。分析盈利结构是为了对企业的盈利水平、盈利的稳定性和盈利的持续性等做出评价。

（一）盈利结构对盈利内在品质的影响

一般来说，企业的利润总额只能揭示企业当期盈利的总规模，不能表明这一总盈利是怎样形成的，也就是不能揭示企业盈利的内在品质。企业盈利的内在品质就是指盈利的可靠性、稳定性和持久性。只有通过盈利结构分析，才能得出这方面的信息，这也是投资者与经营者都必须关心和重视的问题。

1. 盈利结构对盈利水平的影响

盈利水平可用利润总额来反映，也可用利润率来反映，它与盈利结构存在着内在联系。企业不同的业务有不同的盈利水平，一般情况下主营业务是形成企业利润的主要因素，对企业盈利水平的高低起决定性的作用。企业一定时期内主营业务越扩展，主营业务利润占总利润比重越高，企业盈利水平也会越高。

企业收入水平高而相应成本费用水平较低的业务，在总收入中所占的比重越大，企业的盈利水平也会越高。

通过对盈利结构的分析，不仅能够认识其对盈利水平的现实影响，而且可以预计其对未来盈利水平变动趋势的影响。

2. 盈利结构对盈利稳定性的影响

盈利稳定性是指企业盈利水平变动的基本态势。盈利水平可以说是企业的收益率，盈利稳定性则表明企业盈利的风险程度。如果企业盈利水平很高，但缺乏稳定性，这也是一种不好的经营状况。一个企业在一定盈利水平的基础上，盈利水平不断上扬应是企业盈利稳定性的现实表现。

盈利的稳定性首先取决于收支结构的稳定性。当收入和支出同方向变动时，只有收入增长不低于支出增长，或者收入下降不超过支出下降，盈利才具备稳定性。当收入和支出反方向变动时，收入增长而支出下降，盈利稳定；反之，不稳定。除此之外，收入和支出各项目所占比重不同，也会对盈利稳定性产生影响。一般来说，如果主营业务的收支较为稳定，包括两者的关系和增长的势头较为稳定，则企业盈利的稳定性就有了根本保障。

盈利结构及其变化也会影响盈利的稳定性。由于一般企业都会力求保持主营业务利润稳定，所以企业主营业务利润的变动性相对非主营业务来说要小。企业主营业务利润所占的比重大小，可以反映出企业盈利的稳定性的强弱。

3. 盈利结构对盈利持续性的影响

盈利的持续性是指从长期来看，盈利水平能保持目前的变动趋势。盈利的稳定性与持续性的区别是，盈利的持续性是指目前的盈利水平能较长时间地保持下去，体现的是发展趋势，而盈利的稳定性体现的则是发展趋势中的波动性。

企业盈利结构对盈利的持续性有很大的影响。企业的业务除按主次分为主营业务和非主营业务外，还可分为长久性部分和临时性部分。长久性的业务是企业设立、存在和发展的基础。临时性的业务是由于市场或企业经营的突然变动或突发事件所引起的，由此产生的利润一般是不会持久的。企业只有靠长久性业务才能保持盈利水平持久。一般来讲，企业的主营业务大多属于长久性业务，所以企业主营业务利润比重越大，企业盈利水平持续下去的可能性就越大。

4. 盈利结构对盈利增长趋势的影响

盈利的持续性和盈利水平保持不断增长的趋势，都是指企业盈利的长期趋势，只是盈利水平保持不断增长的趋势是在保持现有盈利水平的同时体现出一种上升的趋势。因此，盈利水平保持不断增长的趋势也可以称为盈利持续性的一种特殊表现。

盈利能否保持不断增长的趋势与企业产品所处的产品市场生命周期有关。一个产品一般都要经历启动期、成长期、成熟期和衰退期这四个阶段。处于启动期和成长期的产品，尤其是处于成长期的产品，会带来不断增加的收益；处于成熟期的产品，给企业带来的收益较稳定；而处于衰退期的产品，给企业带来的收益有下降的趋势。

盈利结构对盈利水平保持不断增长的趋势有不可忽视的影响。企业的利润如果主要来自于启动期或成长期的产品，盈利一般具有不断增长的趋势；如果主要来自处于成熟期甚至衰退期的产品，企业盈利非但不能保持不断增长的趋势，甚至现有水平也难以持续下去。

保持盈利水平不断增长的关键在于企业在经营上要密切关注企业产品所处的生命周期，在产品进入衰退期之前就要努力开发新产品，做好经营上的调整准备。

（二）盈利结构状态分析

盈利结构分析另一方面的内容就是按利润表所揭示的利润类型分析主营业务利润、营业利润和利润总额的盈利（亏损）状况结构。

企业利润表可能具有的盈利结构见表3-4。

表3-4　企业盈利结构类型

项目＼类型	A	B	C	D	E	F	G	H
主营业务利润	盈利	盈利	亏损	亏损	盈利	盈利	亏损	亏损
营业利润	盈利	盈利	盈利	盈利	亏损	亏损	亏损	亏损
利润总额	盈利	亏损	盈利	亏损	盈利	亏损	盈利	亏损
说　明	正常状况	视亏损状况而定	及时调整经营还有希望		继续下去，将破产		接近破产	

1. A种类型

在A种类型下，盈利结构的各部分都是盈利的。通常情况下，这是一种正常的状态。企业只有处在这种状态，才能保证盈利的持续性和稳定性。当然，要确切判断企业盈利的持续性和稳定性，还要分析主营业务利润、其他业务利润、投资收益和营业外收支差额占企业利润的比重。

2. B种类型

在B种类型下，企业从总的方面看是亏损的，这意味着企业当期净资产已不能补偿账面资本。但是，从B种类型下的盈利结构看，不仅作为企业生存和发展基础的主营业务有盈利，企业的经常性业务也是盈利的。企业亏损的主要原因是营业外损失过大，企业的营业利润不足以抵补。而营业外业务一般具有暂时性和不稳定性，它形成的损失不会持久。如果企业营业利润保持不变甚至提高，当营业外损失不存在时，企业又会恢复到盈利状态。

3. C种类型

在C种类型下，总的来看企业仍有利润，但这种状态是极不正常的。因为作为企业利润主要来源的主营业务出现了亏损，而企业通过其他业务利润抵补了亏损。在这种盈利结构下，企业很有必要做经营战略的转变。企业耗费大量资金和精力经营的主营业务由于种种原因已出现亏损，但目前的亏损状态还不严重，因为通过其他业务的利润还能抵补亏损。在这时，企业如果及时地做出经营上的调整，还能避免危机的爆发；否则，企业必然走入困境。

4. D种类型

在D种类型下，企业出现亏损。虽然有营业利润，但不足以抵补营业外损失。D种类型下，企业存在的问题与C种状态下的基本一样。如果主营业务有利润，在一般情况下是足以抵补营业外损失的。在D种状态下，企业更有必要做调整经营的布置，否则，企业出现的亏损会将企业的净资产慢慢蚕食，最后甚至出现资不抵债的困境。

5. E种类型

在E种类型下，虽然企业从总体看仍然盈利，但已潜伏着危机。企业主营业务虽然有毛利，但经常性业务总的来看是亏损的，即主营业务利润和其他业务利润不足以抵补期间费用。企业有盈利是因为有营业外收益，营业外收益弥补了经常性业务的亏损。但是，企业的营业外收益很难持久。一旦营业外收益减少，企业就会陷入破产的危机之中。

6. F种类型

在F种类型下，企业的危机已显露出来，企业出现了总体的亏损。F种类型比E种类型企业的处境更危险，因为企业此时虽然主营业务有毛利，但经常性业务总的来说是亏损的。问题的原因可能出在主营业务上，主营业务利润率太低；或出在期间费用上，期间费用失去控制，费用太高。当出现F种类型时，企业必须将亏损的实质性原因找出来。否则，这种状态持续下去，企业就会走入困境。

7. G种类型

在G种类型下，企业表面上还保持盈利，但已处在了火山爆发的边缘。企业的经常性业务全面亏损，仅靠营业外收益维持暂不亏损。稍做分析，就可看出，企业继续经营下去，营业外收益一减少，企业就会亏损。G种类型下，企业实质上已接近破产状态。

8. H种类型

在H种类型下，企业不仅总的来说亏损，而且从盈利结构看，各类项目都是亏损的，企业此时已进入破产状态。

例3-2 根据表3-1、表3-2所示的A公司2014年度和2013年度利润表，A公司盈利结构见表3-5。

表3-5 A公司企业盈利结构

项目 \ 年份	2014	2013	2012
营业利润	42 935. 10	32 041. 50	25 240. 50
利润总额	40 708. 70	30 489. 90	24 641. 30

从表3-5可以看出，A公司三年中利润来源完全依靠营业利润，均属于正常状况。

第二节 企业盈利能力分析

一、企业盈利能力的概念与分析意义

（一）盈利能力的概念

盈利能力是指企业获取利润的能力。企业的盈利能力越强，给投资者带来的回报越高，企业价值越大。同时，企业盈利能力越强，带来的现金流量越多，企业的偿债能力就会得以加强。企业盈利能力分析包含两个层次的内容：① 企业在一个会计期间内从事生产经营活动的盈利能力的分析，② 企业在一个较长期间内稳定地获得较高利润能力的分析。也就是说，盈利能力涉及盈利水平的高低、盈利的稳定性和持久性。

（二）盈利能力分析的意义

企业经营的主要目的在于使投资人获得较高的利润并维持适度的增长。只有盈利，才能使其经营与规模得到更好的发展。因此，盈利能力是企业的投资人、债权人、经营者及政府管理部门共同关心的问题。

（1）对投资人来说，企业盈利能力的强弱直接影响他们的权益。企业的盈利能力越强，企业的税后利润也就越多。这样，在提取企业法定公积金之后向投资者分配的利润也就必然越多。投资者的投资去向，基本由投资报酬所决定，投资报酬是以盈利支付的。另外，企业的盈利能力与其股票价格之间具有密切关系。在一般情况下，企业的盈利能力提高，企业价值就会提高，其股票在股市上的价格也就会提高，企业的股东在股票交易中就会获得资本收益。

（2）对债权人来说，企业盈利能力的强弱也会影响他们的权益。因为，企业的偿债能力大小最终取决于企业获利水平的高低，一个具有良好盈利能力的企业在偿还短期债务与长期债务以及支付利息方面一般不会存在问题，企业债权人的权益将会得到充分保障。如果企业利润枯竭，偿还各种债务的能力也就不复存在，企业债权人的权益保障也自然成为问题。

（3）对企业经营者来说，盈利能力是企业财务结构和经营绩效的综合体现。经营管理者通过分析盈利能力，可以评价、判断企业的经营成果，分析其变化原因，研究改进措施，不断提高盈利能力。如果管理者经营良好，企业就应该具有较高的利润水平，并且具有较强的盈利能力；如果企业经营较差，企业利润会很低甚至出现亏损，在这种情况下企业的盈利能力必然较弱。

二、一般企业的盈利能力分析

由于一般企业资本来源与构成同股份上市公司有明显区别，报表数据、评价参数和评价要求也有所不同，因而除一般企业的盈利能力评价指标外，上市公司的盈利能力评价还有一些特定指标。

（**注：**本书所述一般企业是相对于股份上市公司而言的，通常指的是非上市的中小企业。）

（一）一般企业的盈利能力指标计算与指标意义

企业盈利能力一般可从收入、支出和资产（或投资）三个角度进行评价，即从收入与利润、支出（费用）与利润和资产与利润之间的相对关系来评价企业的盈利能力。表 3-6 是一般企业盈利能力评价指标的计算公式与指标意义一览表。

表 3-6 一般企业盈利能力主要评价指标一览表

财务指标名称	计算公式	指标意义
毛利率	毛利 ÷ 营业收入 ×100%	反映企业生产经营环节的效率高低。毛利率越大，说明在营业收入中营业成本所占的比重越小，企业通过营业获取利润的能力就越强。毛利是企业利润的基础，没有足够大的毛利率便不可能盈利
营业利润率	营业利润 ÷ 营业收入 ×100%	反映企业经营业务的盈利能力。比率越高，盈利能力超强
主营业务利润率（销售利润率）	主营业务利润 ÷ 主营业务收入净额 ×100%	反映企业主营业务的获利能力，指标值越高，表明企业产品或商品定价越科学，产品附加值越高，营销策略越得当，主营业务市场竞争力越强，发展潜力越大，获利水平越高
成本费用利润率	利润总额 ÷ 成本费用 ×100% 公式中成本费用包括营业成本、营业税金及附加、期间费用、资产减值损失、营业外支出和所得税费用	反映经营耗费所带来的经营成果。指标值越高，获利能力超强
净利润率（主营业务净利润率）	净利润 ÷ 主营业务收入 ×100%	反映企业主营业务的盈利能力。比率越高，盈利能力超强
总资产收益率	净利润 ÷ 资产平均总值 ×100%	反映企业资产综合利用效果。指标值越高，盈利能力越强，资产利用的效益越好
总资产报酬率	息税前利润 ÷ 资产平均总值 ×100%	反映企业资产综合利用效果。报酬率越高，盈利能力越强，资产利用的效益越好
净资产收益率	净利润 ÷ 净资产平均值 ×100%	反映股东权益的收益水平，用以衡量公司运用自有资本的效率。指标值越高，表明自有资本获得净收益的能力越强

除上表所列分析指标，还有其他一些指标可以选用，如总资产利润率、产值利润率、资本收益率等，分析时可根据具体情况和分析要求选择。

（二）一般企业盈利能力分析实例

例3-3 根据表3-1、表3-2所示的A公司2013～2014年度利润表，2012年年初A公司资产总计172 184万元，股东权益合计156 889万元，以及三年主营业务收入（分别为164 130万元、198 497万元、240 205万元）和主营业务利润（分别为73 678万元、90 832万元、107 564万元），A公司相关盈利能力指标计算结果见表3-7。

表3-7　A公司盈利能力计算分析表

指　标	2012年	2013年	2014年	2014年行业均值
毛利率	44.97	45.89	44.91	28.25
营业利润率	15.39	16.14	17.87	12.29
主营业务利润率	44.89	45.76	44.78	33.70
成本费用利润率	17.81	18.48	20.60	10.50
净利润率	11.09	11.05	13.03	11.00
总资产收益率	9.97	10.83	13.40	12.70
总资产报酬率	13.50	15.62	17.44	8.50
净资产收益率	12.21	13.26	16.31	11.80

由表3-7可以看出，A公司2014年盈利能力各项指标均高于行业均值，表明公司盈利能力较强。除毛利率、主营业务利润率和净利润率外，三年来营业利润率、成本费用利润率、总资产收益率、总资产报酬率、净资产收益率逐年平稳上升，表明该公司经营管理水平不断提高，公司盈利能力呈越来越强趋势，应保持下去。

另外，从表3-7中还可以看出，A公司三年中毛利率和主营业务利润率均保持在45%左右，期间略有变动，但两者变动方向一致，说明毛利率和主营业务利润率正相关，公司的盈利主要靠主营业务。

（三）一般企业盈利能力分析应注意的问题

1. 相关指标的内在联系

在企业利润的形成中，营业利润是主要的来源，而营业利润的高低取决于主营业务利润的增长幅度，同时与营业成本和费用的控制密切相关。因此，将营业利润率与主营业务利润率和成本费用利润率结合起来进行分析，能够充分揭示企业在业务推广、成本控制、费用管理以及经营策略等方面的成绩与不足。

2. 类似指标的区别

净资产收益率与总资产收益率，虽然都是反映资产的收益水平，但净资产收益率不能全面反映一个企业的资金运用效果，只有总资产收益率才能全面反映一个企业资金运作的整体效果。净资产收益率与企业的负债比率有直接关系，在总资产收益率一定的情况下，负债比重越高的企业，净资产收益率会越高，但同时财务风险也会提高。

3. 收支结构和盈利结构对企业盈利能力的影响

同一企业不同时期由于收支结构或盈利结构的变化，其盈利水平肯定会有明显差别，在这种情况下进行企业盈利能力纵向比较就会受到影响；同样，本企业与同业企业由于收支结构或盈利结构的不同，也会影响盈利能力的比较。因此，在进行企业利润能力分析时，必须关注收支结构和盈利结构的变化。

4. 资本结构对企业盈利能力的影响

当企业的资产报酬率高于企业借款利息率时，由于财务杠杆的作用，企业负债经营可以提高企业的获利能力。当同一企业不同时期由于资本结构的变化会对企业的盈利水平产生重大影响，在进行企业盈利能力纵向比较时，应注意考虑资本结构变动对企业盈利能力的影响。

5. 资产运用效率对企业盈利能力的影响

资产运用效率的高低不仅关系着企业营运能力的好坏，也直接影响企业盈利能力的高低。通常情况下，资产的运用效率越高，企业的营运能力就越好，而企业的盈利能力也就越强。因此，在同一企业不现时期或在与同行进行盈利能力比较分析时，一定要关注企业资产运用效率的变化。

三、上市公司盈利能力特殊分析

对于股份上市公司，除了应用上述有关指标分析评价企业盈利能力外，还要采用与股本有关的盈利能力分析指标，来说明公司的盈利能力，评价股东投资回报水平的高低。与股本有关的盈利能力指标有每股收益、每股股利、股利支付率、市盈率和每股净资产等。

（一）每股收益的含义、计算与分析评价

每股收益也称每股盈余或每股利润，是指公司净利润与发行在外普通股的比值。该比率反映普通股的盈利水平，是衡量上市公司盈利能力的重要财务指标，对于公司股票市价、股利支付能力等均有重要影响，因而是股票投资人最为关心的指标之一。将历年每股利润进行比较，观察其变化趋势，对于投资决策很有帮助。其计算公式为

每股收益 = 归属于普通股股东的当期净利润 ÷ 当期发行在外普通股的加权平均数

每股收益是股份公司发行在外的普通股每股所取得的利润，可以反映公司盈利能力的大小。每股收益越高，则说明公司的盈利能力越强。

对投资者而言，每股收益的高低比公司财务状况的好坏或其他收益率指标更重要，也更为直观。但是在使用每股收益分析公司盈利能力时要注意以下三个问题：

1. 每股收益并不反映股票所含的风险

对于不同的上市公司，仅仅从每股收益去衡量盈利水平是不够的，还应注意每股股价的高低。如有两个上市公司，它们同期的每股收益都是 0.5 元，但两个公司的股价一个是 10 元，一个是 5 元，显然投资两家公司的风险与报酬是不一样的。

2. 每股收益并不决定实际得到的收益

尽管每股收益可以直观地反映股份公司的经营成果以及股东的报酬，但它是一个绝对指标，每股收益高并不等于分红就多。因此，在分析时，应结合流通在外的股数和分配政策。如果公司采用股本扩张的政策，大量配股或以股票股利的形式分配股利，未来的每股收益可能会受到“稀释”。

3. 每股收益的高低不能直接衡量公司盈利水平和资金利用效果

上市公司通过生产经营活动所获税后利润，并非只动用了股本，而是使用了所筹集的全部资金。不同股票的每一股在经济上不等量，它们所含的净资产和市价不同，这就限制了每股收益的公司间的比较。

（二）每股股利的含义、计算与分析评价

每股股利是指普通股现金股利总额与发行在外普通股股数的比值，反映普通股每股获得现金股利的多少。其计算公式为

每股股利 =（现金股利总额 - 优先股股利）÷ 发行在外普通股股数

该指标的数值不仅能够体现公司是否具有较强的盈利能力，而且体现了公司的股利政策和现金是否充足。倾向于分配现金股利的投资者，应注意比较分析公司历年的每股股利，从而了解公司的股利政策。一般认为，每股股利若能逐年持续稳定地增长，就能提高该股票的质量。

值得注意的是，每股股利的多少与公司的利润分配与股利发放政策密切相关。如果公司为扩大再生产、增强企业后劲而多留利，每股股利就少，反之则多。另外，计算每股股利的发行在外普通股股数不是加权平均股数，而是期末普通股总数。

（三）股利支付率的含义、计算与分析评价

股利支付率是指普通股每股股利与普通股每股收益的比率。股利支付率是用于衡量普通股的每股收益中，有多大比例用于支付股利。其计算公式为

股利支付率 = 每股股利 ÷ 每股收益 ×100%

从稳健性原则出发，公式中的分母应采用充分稀释后的每股收益。另外，股利支付率只反映当年税后利润用以支付股利的程度。有些公司动用积累资本公积金、以前年度的盈余公积金派送红股或支付现金股利时，不应在本指标内反映。

股利支付率和每股股利一样，能够直接体现当前的收益。股利支付率取决于公司的股利政策，没有具体的标准来判断股利支付率是大好还是小好。就一般而言，如果公司的现金比较充足，并且当前没有比较好的投资项目，就可能发放较多的现金股利；如果公司当前有很好的投资项目，而且对公司的长远发展有利，就可能会少发放现金股利，而将现金用于投资项目。不同目的的投资者有不同的偏好，短期投资者希望当期多分红，而长期投资者可能希望公司将更多的利润用于投资。因此，与留存收益指标相对应，新企业、高速发展企业和外界认为正在日益取得进步的企业的股利支付率通常比较低。

（四）市盈率的含义、计算与分析评价

市盈率也称价格盈余比率或价格与收益比率，是指普通股每股市价与每股收益的比率。其计算公式为

市盈率 = 每股市价 ÷ 每股收益

市盈率指标表明投资人为获取公司每1元收益所愿意付出的价格，可以用来评估股票投资的报酬与风险。它是市场对公司的共同期望指标，市盈率越高，表明市场对公司的未来发展前景越看好。

在市场价格确定的情况下，市盈率越高，每股收益越低，投资风险越大；反之亦然。在每股收益确定的情况下，市价越高，市盈率越高，风险越大；反之亦然。在运用市盈率指标进行分析时，都应注意以下问题：

（1）市盈率指标不宜用于不同行业的公司之间的比较，因为资本对于新兴产业、成熟产业和夕阳产业的青睐程度是不同的。

（2）当每股收益很小时，可能会导致一个没有多少实际意义的高市盈率。

（3）市盈率也受利率水平变动的影响。当市场利率水平发生变化时，市盈率也应适当调整。在股票市场的实务操作中，利率与市盈率之间的关系通常用如下公式表示为

市盈率 =1 ÷1 年期银行存款利率

（五）每股净资产的含义、计算与分析评价

每股净资产也称为每股账面价值，是股东权益总额与发行在外的普通股股数的比值。其计算公式为

每股净资产 = 股东权益总额 ÷ 发行在外的普通股股数

该指标表明发行在外的每股股票所代表的净资产的账面价值，在理论上提供了股票的最低价值，可以用来估计其上市股票或拟上市股票的合理市价，判断投资价值及投资风险的大小。

利用该指标进行纵向和横向的对比及结构分析等，可以衡量公司的发展进度、发展潜力，间接地表明企业盈利能力的大小。也就是说，在公司性质相同、股票市价相近的条件下，某公司股票每股净资产越高，则该公司发展潜力与股票的投资价值越大，投资者所承受风险越小。

值得注意的是，每股净资产是用历史成本计算的，不反映净资产的变现价值，因而也没有一个合理的标准，但投资者可以通过比较分析公司历年每股净资产变动趋势，来了解公司的发展情况和盈利能力。如果公司的股票价格低于净资产的账面价值，而账面价值又接近变现价值，则说明公司已经没有存在的价值，清算是股东最好的选择。另外，每股净资产与股票的面值、发行价格、市场价格、内在价值、清算价值等往往会有较大差异。

（六）上市公司盈利能力分析实例

例 3-4 A 公司 2012、2013 和 2014 年年末，发行在外的普通股股数分别为 427 200 000 股、432 646 500 股和 654 311 580 股，股票价格分别为 17.04 元、31.21 元、27.55 元，净利润和净资产见表 3-1、表 3-2、表 2-2 和表 2-3 的公司利润表和资产负债表，则 A 公司每股收益等特殊盈利能力指标的计算与分析见表 3-8。

表 3-8 A 公司特殊盈利指标计算分析表

项 目	2012 年	2013 年	2014 年
净利润/万元	18 207.10	21 931.60	31 288.40
净资产/万元	156 889	173 879	209 738
期末普通股股数/股	427 200 000	432 646 500	654 311 580
年末股票价格/元	17.04	31.21	27.55
稀释每股收益/元	0.43	0.51	0.48
每股股利/元	0.10	0.15	0.15
股利支付率（%）	23.26	29.41	31.25
市盈率	39.63	61.20	57.40
每股净资产/元	3.67	4.02	3.21

由表 3-8 可以看出，三年中该公司每股收益从升到降变动比较明显，每股净资产也呈逐年下降趋势，主要是 2014 年期末普通股较 2013 年大幅增加引起的。另外，公司 2014 年每股收益较 2013 年是下降的，但每股股利与 2013 年没变化，且股利支付率是逐年上升的，这既说明公司有充足的现金流，同时也表明公司有稳定老股东的考虑，这有利于公司今后的发展。

从表 3-8 还可以看出，该公司每股净资产虽然是呈逐年下降趋势，但公司 2013 年的市盈率却比 2012 年高出 20 倍，一方面说明市场对公司未来发展前景看好，另一方面也表明投资者的风险在加大，而且，这一状况在 2014 年得到了延续。从表 3-8 中我们不难看出，每股收益较

2013年少了0.03元、每股净资产少了0.81元，但市盈率仍高达57倍以上，这可能与2014年下半年以来股市回暖有关。

企业盈利能力分析

实训目标与能力要求

本实训目标是培养学生对企业盈利能力进行分析和评价的能力。其能力要求是：

（1）掌握企业盈利能力分析指标及其变动的计算。

（2）能够灵活运用企业盈利能力分析方法对案例进行分析操作。

实训方式与内容

在第一章同步实训分行业、分小组和取得的各自公司基础资料和数据资料的基础上，计算和分析公司的盈利能力，撰写专题分析报告（文档格式要求同前），参加讨论与讲评。

实训步骤

（1）根据各自公司近三年利润表，编制公司盈利能力计算分析表，将公司近三年盈利能力各项指标计算结果填入表中。

（2）查找同行业盈利能力平均值，填入计算分析表中。

（3）根据公司盈利能力计算分析表和公司利润表，对公司盈利能力进行分析评价，分析时同组同学应在一起进行交流、讨论，形成各自分析评价结论，并按要求形成专题分析报告。

（4）实训小组组长将小组成员的实训成果（分析报告）打包上传，由指导老师组织互评。

（5）指导老师根据学生实训成果的质量和互评结果确定实训成绩。

实训考核

根据学生选择计算分析方法的正确性、指标计算结果的准确性、分析报告写作和参与讨论情况进行评分。

第三节 企业营运能力分析

资产营运是企业在生产经营过程中实现资本增值的过程，是宏观资源配置与微观经济管理的综合反映。资产营运状况如何，关系到资本增值的程度。资产营运效率越高，企业的盈利能力越强，资产变现损失风险越小，偿债能力越强；反之则相反。资产营运效果的好坏主要通过资产周转速度的快慢来体现。评价企业资产营运能力，需要通过利润表与资产负债表有关项目相结合才能进行。

一、企业营运能力的概念与分析意义

（一）营运能力的概念

营运能力是指企业的经营运行能力，即企业运用各项资产以赚取利润的能力。企业营运能力的主要分析评价指标有：应收账款周转率、存货周转率、营业周期、流动资产周转率、固定资产周转率、总资产周转率等。

（二）营运能力分析的意义

资产营运能力反映了企业资金利用的效率，也表明了企业管理者配置、经营和管理内部资源的能力。企业营运能力的大小，直接影响企业的获利能力和偿债能力。因此，正确分析和评价企业的营运能力具有十分重要的意义。

1. 有助于经营者改善经营管理

进行营运能力分析对企业管理当局至关重要，通过分析可以发现企业在资产配置、使用和管理方面的问题，从而改善和优化资产结构，保持足够的资产流动性，提高资金周转速度，防止和化解经营与财务风险。

2. 有助于投资者进行投资决策

进行营运能力分析有助于投资者判断企业财务的安全性、资本的保全程度以及资产的收益能力，进而做出相应的投资决策。企业资产的变现能力强，企业的财务安全性就高；良好的资产结构和资产管理效果，是资本安全的保证；资产的周转速度越快，实现收益的能力越强。

3. 有助于债权人进行信贷决策

进行营运能力分析有助于债权人判明其债权的物资保证程度或其安全性，进而做出相应的信用决策。一般来讲，企业资产周转速度越快，除了表明企业具有较强的经营能力和获利能力外，通常与企业良好的资产结构密切相关，而良好的资产结构、丰厚的收益，则是债务本息偿还的根本保障。

二、企业营运能力分析指标的计算与指标意义

反映资产周转速度的财务指标分别有总资产周转率、固定资产周转率和流动资产周转率及主要流动资产项目的周转率等。表 3-9 是企业营运能力主要评价指标一览表。

表 3-9 企业营运能力主要评价指标一览表

指标名称	计算公式	指标意义
应收账款周期率/次	营业收入 ÷ 应收账款平均余额	反映企业应收账款变现速度和管理效率。周转率越高，表明应收账款的收回越快，发生坏账的风险越小
存货周转率/次	营业成本 ÷ 存货平均余额	反映企业存货的周转速度，即存货的流动性及存货资金占用量是否合理，促使企业在保证生产经营连续性的同时，提高资金的使用效率，增强企业的短期偿债能力

（续）

指标名称	计算公式	指标意义
流动资产周转率/次	营业收入÷流动资产平均占用额	反映企业流动资产周转速度和综合利用效率。周转率越高，表明企业流动资产的经营利用效果越好，有助于增强企业的盈利能力和短期偿债能力
固定资产周转率/次	营业收入÷固定资产平均占用额	反映企业固定资产周转的快慢、变现能力和有效利用程度。周转率越高，表明企业固定资产投资得当、结构布局合理、使用效率好、投资回收期短、资产的经营风险越小
总资产周转率/次	营业收入÷资产平均总额	反映企业全部资产的周转快慢，体现企业全部资产的综合利用效率。周转率越高，表明企业利用全部资产进行经营的效率越高，有助于增强企业的盈利能力和偿债能力
股东权益周转率/次	营业收入÷平均净资产	反映公司运用净资产的效率。比率越高，表明净资产的运用效率高，营运能力越强

表3-9中相关资产平均额均以资产负债表“（相关资产期初数+相关资产期末数）÷2”计算；各项资产周转率也可用周转天数表示，即“周转天数=360÷周转次数”。

三、企业营运能力分析实例

例3-5 根据表2-2、表2-3所示的A公司的资产负债表和表3-1、表3-2所示的A公司利润表，以及2012年年初A公司应收账款余额4 920.52万元、存货余额7 812.68万元、流动资产合计87 164.50万元、固定资产余额50 536.60万元和资产总计172 184万元，股东权益合计136 759万元，则A公司营运能力计算结果见表3-10。

表3-10 A公司营运能力计算表

项目\年份	2012年	2013年	2014年	2014年行业均值
应收账款周期率/次	24.25	20.47	19.39	5.80
存货周转率/次	10.42	10.16	10.27	2.10
流动资产周转率/次	1.87	2.09	2.11	1.40
固定资产周转率/次	3.03	3.46	4.20	1.80
总资产周转率/次	0.90	0.98	1.03	0.40
股东权益周转率/次	1.10	1.20	1.25	1.00

由表3-10可以看出，三年中该公司营运能力各项指标均优于行业均值，表明其营运能力在同行业中比较强。另外，除应收账款周期率逐年下降和存货周转率外，该公司其他营运能力指标均呈逐年上升的趋势，表明公司营运能力总体是上升的，应该保持下去。

从表3-10还可以看出，三年中该公司应收账款周期率下降比较明显，与其他多数营运能力指标呈上升势头相比，实在是太显眼了。究其原因，与公司近年来应收账款增长幅度加快有直接关系。我们可以从2012～2014年三年资产负债表和利润表中应收账款、营业收入数额变化发现，虽然应收账款和营业收入每年都较上一年有大幅度增加，但应收账款增长幅度要远大于营业收入的增长幅度。其中应收账款2013年比2012年增长了25.34%，2014年又比2013年增长了29.68%，均高于营业收入21.03%和21.01%的增长幅度，这应该引起公司管理层高度重视。

四、企业营运能力分析应注意的问题

1. 季节性经营对分析的影响

如果企业的生产经营活动具有很强的季节性，则年度内各季度的营业收入与应收账款、营业成本与存货都会有较大幅度的波动，仅仅用年初和年末余额简单计算应收账款和存货平均占用额，显然是不客观的。因此，为了客观反映企业的营运状况，平均应收账款和存货占用额应该按月份或季度余额来计算，先求出各月份或各季度的平均数，然后再计算全年的平均数。

2. 相关指标的配合使用

在主要流动资产项目周转率分析中，单个指标独立性较差，不能单独用以评价企业的营运能力等的高低。如应收账款和存货的多少，与企业的供、产、销各环节都有密切关系，特别是与企业的销售政策紧密相关，其周转状况都是企业供、产、销之间平衡协调的结果。另外，应收账款与存货之间往往存在你多我少或我多你少的内在联系。因此，在计算分析某项周转率时一定要同其他相关资产项目的周转分析结合起来。

3. 不能单纯降低资产数量去追求高周转率

企业的资产配置与企业的资金来源存在一定的对应关系，不能单纯地以大幅降低流动资产或固定资产为代价去追求高周转率。因为流动资产的多少反映企业短期偿债能力的强弱，同样固定资产的多少反映企业的生产能力，只有在各项资产保持较稳定数额的基础上去提高使用效率。

4. 营运能力在不同期间不同企业间的可比性

企业在进行营运能力纵向比较分析时，一定要考虑不同期间企业所处的经营环境，经营环境不同企业的经营效益肯定有所不同，其营运能力可比性较差。同样，企业在进行营运能力横向比较分析时，一定要与同行业、同规模的企业比较才有意义。

企业营运能力分析

实训目标与能力要求

本实训目标是培养学生对企业营运能力进行分析和评价的能力。其能力要求是：

（1）掌握企业营运能力分析指标及其变动的计算。

（2）能够灵活运用企业营运能力分析方法对案例进行分析操作。

实训方式与内容

在第一章同步实训分行业、分小组和取得的各自公司基础资料和数据资料的基础上，计算和分析公司的营运能力，撰写专题分析报告（文档格式要求同前），参加讨论与讲评。

实训步骤

（1）根据各自公司近三年利润表和资产负债表，编制公司营运能力计算分析表，将公司近三年营运能力各项指标计算结果填入表中。

（2）查找同行业营运能力平均值，填入计算分析表中。

（3）根据公司营运能力计算分析表和公司利润表、资产负债表，对公司营运能力进行分析评价；分析时同组同学应在一起进行交流、讨论，形成各自分析评价结论，并按要求形成专题分析报告。

（4）实训小组组长将小组成员的实训成果（分析报告）打包上传，由指导老师组织互评。

（5）指导老师根据学生实训成果的质量和互评结果确定实训成绩。

实训考核

根据学生选择计算分析方法的正确性、指标计算结果的准确性、分析报告写作和参与讨论情况进行评分。

第四节 企业自身发展能力分析

一、企业自身发展能力的含义、计算与使用

（一）企业自身发展能力的含义

企业自身发展能力是指企业通过自己的生产经营活动，用内部形成的资金而投资发展的能力。企业内部形成的发展资金主要来源于企业的营业收入和企业降低开支而节约的资金。企业可动用的资金总额是企业实际收入和实际支出之差，是企业真正拥有的自身发展能力。

（二）企业自身发展能力的计算

企业自身发展能力的大小取决于企业可动用的资金总额的多少。由于在企业中，并不是所有的收入都会引起企业资金的增加，如已核销的坏账又收回、清理无法支付的应付账款等。同样，并不是所有的费用都会引起企业资金的减少，如折旧费用、固定资产盘亏等，只是在账面上计算的支出反映为利润的减少，实际这些项目扣减的资金仍是企业可自主使用的资金。因此，企业自身发展能力的计算可以采用以税后利润为基础，加上不实际减少资金的费用，减去不实际增加资金的收入，其计算公式为

企业自身发展能力 = 税后利润 + 折旧费 + 固定资产盘亏和出售净损失 + 计提坏账 − 固定资产盘盈和出售净收益 − 收回未发生坏账

（三）企业自身发展能力的使用

企业的自身发展能力主要用于技术改造、扩大生产、产品换代等各项投资活动，也可直接运用于企业当前生产经营活动之中，以改善资金结构或消除生产经营环节中的不协调因素。企业运用自身发展能力投资于简单再生产或者扩大再生产，是一种以当前确定的支出来换取企业未来预期获利的风险活动。因此企业自身发展能力的使用也就是对企业投资方案的选择。如果投资回收期短，预计投资收益大于投资所需的支出，投资方案就可行。

二、企业可持续发展能力的评价

企业要生存，就必须发展，发展是企业的生存之本，也是企业的获利之源。企业发展能力是企业在生存的基础上，扩大规模，壮大实力的潜在能力。企业的规模和实力，是企业价值的核心内容，表明企业未来潜在的盈利能力。然而，企业的发展在于可持续性，需要不断地注入新的血液。企业的资本实力和潜在盈利能力，是衡量和评价企业持续稳定发展的实质内容，包括企业的营业收入增长能力、资产增长能力和资本扩张能力三方面，它们的增长为企业的生存和发展注入了新的能量。

企业可持续发展，是包括面对不可预期的环境震荡而持续保持发展趋势的一种发展观。在分析企业可持续发展能力时，应立足当前发展，放眼未来发展，不能以牺牲后期的利益为代价来换取现在的发展、满足现在的利益。企业可持续发展能力的财务分析，需要建立相应的财务分析指标，通过趋势分析法或编制趋势分析表来进行。

（一）企业可持续发展能力指标计算与指标意义

反映企业可持续发展能力的指标主要有营业收入增长率、三年营业收入平均增长率、总资产增长率等。表 3-11 是企业可持续发展能力主要评价指标一览表。

表 3-11　企业可持续发展能力主要评价指标一览表

指标名称	计算公式	指标意义
营业收入增长率（销售增长率）	本年营业收入增长额 ÷ 上年营业收入总额 ×100%	反映企业短期经营状况、市场占有能力和企业业务的拓展能力。比率越大，表明营业收入增长速度越快，市场前景越好，企业近期盈利能力越强
三年营业收入平均增长率	$\left(\sqrt[3]{\frac{\text{本年营业收入总额}}{\text{3 年前营业收入总额}}}-1\right)\times 100\%$	反映企业营业收入增长的长期趋势和稳定程度。比率越大，企业可持续盈利能力越强
总资产增长率	本年总资产增长额 ÷ 年初资产总额 ×100%	反映企业经营规模总量上的扩张程度。该指标越高，表明企业一个经营周期内资产经营规模扩张的速度越快，获得规模效益的能力越强
三年总资产平均增长率	$\left(\sqrt[3]{\frac{\text{年末资产总额}}{\text{3 年前资产总额}}}-1\right)\times 100\%$	反映企业资产增长的长期趋势和稳定程度。该指标值越大，资产增长速度越快，发展的趋势越强

（续）

指标名称	计算公式	指标意义
固定资产成新率	平均固定资产净值 ÷ 平均固定资产原值 ×100%	反映企业固定资产的新旧程度。指标越高，表明企业固定资产较新、技术性能较好、对扩大再生产的准备较充分、发展的可能性较大
净资产增长率	本年所有者权益增加额 ÷ 所有者权益年初余额 ×100%	反映企业所有者权益在当年的变动水平，体现了企业的资本积累情况，是企业发展强盛的标志。指标越高，表明企业资本积累越多，资本保全性越强，应付风险、持续发展的能力越强
三年平均净资产增长率	$\left(\sqrt[3]{\frac{\text{年末所有者权益总额}}{\text{3 年前所有者权益总额}}}-1\right)\times100\%$	反映企业资本增值的历史发展状况和企业稳步发展的趋势。该指标越高，表明企业的所有者权益得到的保障程度越高，企业可以长期使用的资金越充裕，抗风险和保持连续发展的能力越强

除上表所列分析指标，还有其他一些指标可以选用，如资本保值增值率、资本积累率、营业利润增长率、技术投入比率等，分析时可根据具体情况和分析要求选择。

（二）企业可持续发展能力分析实例

例 3-6 根据表2-2、表2-3 所示的A公司的资产负债表和表3-1、表3-2 所示的A公司利润表，A公司2012～2014年各项发展能力指标计算见表3-12。

表 3-12　A 公司 2012～2014 年各项发展能力指标计算表

项　目		2011 年	2012 年	2013 年	2014 年
数据	营业收入/万元	131 062	164 013	198 497	240 205
	资产总额/万元	172 184	192 982	211 884	255 043
	固定资产原值/万元	81 836	98 586	107 990	117 305
	固定资产净值/万元	50 537	57 813	56 776	57 494
	所有者权益/万元	141 328	156 889	173 879	209 738
营业收入增长率	年增长率（%）		25.14	21.03	21.01
	三年平均增长率（%）				22.38
总资产增长率	年增长率（%）		12.08	9.79	20.37
	三年平均增长率（%）				13.99
净资产增长率	年增长率（%）		11.01	10.83	20.62
	三年平均增长率（%）				14.06
固定资产成新率（%）			60.05	55.47	50.72

从表3-12中可以看出，该公司2014年营业收入、总资产和净资产三项指标的年增长率最高，达20%以上，表明公司2014年是一个发展关键年；但从固定资产成新率看，2013年和2014年却各下降了近5个百分点，表明该公司2014年资产增长属于收购或兼并扩张，绝不是新设扩张。

从三年平均增长率看，该公司三项指标都有较大增长，其中营业收入增长幅度最大达22.38%，总资产和净资产均保持了增长，表明公司发展能力较强。不过需要注意的是，由于固定资产成新率呈下降趋势，且已接近50%了，如果不新增加或更新固定资产，会制约公司的长远发展。

（三）企业可持续发展能力分析应注意的问题

1. 指标的可比性

营业收入增长率、总资产增长率、固定资产成新率和资本积累率仅仅反映近期变动状况，受基数的影响比较大，指标的可比性较差。因此，在与同行业平均水平进行比较分析时应考虑偶然性因素的影响。

2. 只有与同类企业比较才有意义

不同性质的企业资产使用效率不同，资产增长率也会不同，往往低效率的企业需要更大幅度地扩大资产规模，这并不意味着其发展性强。另外，不同类型的企业资产使用效率也不同，外向增长型（新建扩建）的企业资产增长率较高，而内部优化型（改建）的企业资产增长率较低。

3. 三年平均增长率更能反映企业可持续发展能力

为了避免受偶然性因素的影响，使用三年的平均增长率或积累率，来反映企业在较长时期内收益、资产和权益资本增长情况能够较好地体现企业发展水平和发展趋势。

4. 三类指标的内在联系

在营业收入增长率、总资产增长率和资本积累率三类指标中，营业收入是企业发展的先锋和生力军，资产增长是企业发展的现实力量，而资本积累则是企业发展的后备力量，三合为一，为企业发展保驾护航，是企业发展的源泉和动力。主营业务收入的增加，能增加企业的现金流入，提高企业的盈利能力，是企业实现资本扩张的主要来源，企业实力雄厚才能不断扩大生产经营规模，为产销量的增长提供物质基础。因此，评价一个企业的可持续发展能力必须将这三类指标结合起来，综合分析后进行评价。

企业发展能力分析

实训目标与能力要求

本实训目标是培养学生对企业发展能力进行分析和评价的能力。其能力要求是：

（1）掌握企业发展能力分析指标及其变动的计算。

（2）能够灵活运用企业发展能力分析方法对案例进行分析操作。

实训方式与内容

在第一章同步实训分行业、分小组和取得的各自公司基础资料和数据资料的基础上，计算和分析公司的发展能力，撰写专题分析报告（文档格式要求同前），参加讨论与讲评。

实训步骤

（1）根据各自公司近三年利润表和资产负债表，编制公司发展能力计算分析表，将公司近三年发展能力各项指标计算结果填入表中。

（2）查找同行业发展能力平均值，填入计算分析表中。

（3）根据公司发展能力计算分析表和公司利润表、资产负债表，对公司发展能力进行分析评价；分析时同组同学应在一起进行交流、讨论，形成各自分析评价结论，并按要求形成专题分析报告。

（4）实训小组组长将小组成员的实训成果（分析报告）打包上传，由指导老师组织互评。

（5）指导老师根据学生实训成果的质量和互评结果确定实训成绩。

实训考核

根据学生选择计算分析方法的正确性、指标计算结果的准确性、分析报告写作和参与讨论情况进行评分。

本章小结

利润表是反映企业一定时期经营成果的报表，而经营成果是企业生产经营的归属和目标。本章主要以利润表为依据，同时结合资产负债表，重点阐述企业盈利能力、营运能力和自身发展能力计算分析的内容和方法。

了解企业的盈利结构是进行盈利水平分析的基础。

盈利能力是投资者最为关心的企业经营成果资讯。通过对盈利能力的计算和分析，可以了解企业的盈利水平，进而了解企业的偿债能力，为经营者、投资者和长期债权人提供决策依据。

营运能力是企业资产运用效率的评价指标，是经营者和投资人主要关注的财务资讯之一。通过企业营运能力的计算和分析，评价企业的资产运用效率，进而揭示企业未来的盈利前景，为经营者和投资人提供决策参考。

企业自身发展能力是投资者、经营者以及潜在投资人和债权人关心的资讯。企业自身发展能力来源于内部积累，企业自身发展能力贵在可持续。

课后复习与练习

一、复习思考题

1. 企业盈利结构对盈利内在品质有什么影响？
2. 决定销售净利润率高低的因素有哪些？
3. 市盈率对投资者有何重要意义？分析市盈率指标时应注意哪些方面？
4. 分析一个企业的盈利能力与其所处行业有何关系？
5. 应收账款周转率如何计算？对应收账款周转率进行分析需要注意哪些问题？
6. 存货周转率的计算为什么不用销售收入数据？影响存货周转率高低的因素有哪些？
7. 营运能力分析与偿债能力分析有何关系？
8. 为什么说权益资本增长是企业发展能力的后备力量？

二、习　题

（一）填空题

1. 盈利结构是指构成企业利润的________________的有机搭配比例。
2. 毛利率是指________与________的比率。
3. 总资产收益率是指企业一定时期________与________的比率。
4. 净资产收益率是指企业一定时期________与________的比率。
5. 每股收益是指公司________与________的比值。
6. 每股股利是指________与________的比值。
7. 股利支付率是指________与________的比率。
8. 市盈率是指________与________的比率。
9. 每股净资产是指________与________的比值。
10. 存货周转率是指________与________的比值。
11. 应收账款周转率是反映企业的________和________的指标。
12. 企业自身发展能力是指企业通过自己的生产经营活动，用________________的能力。

（二）单项选择题

1. 资产负债表与利润表的连接点是（　　）。
   A. 所有者权益　B. 利润　C. 偿债能力　D. 未分配利润
2. 营业利润率是指（　　）。
   A. 营业利润与营业成本之比　B. 营业利润与营业收入之比
   C. 净利润与营业收入之比　D. 营业毛利与营业收入之比
3. 计算营运能力指标所需的资料主要由（　　）提供。
   A. 资产负债表　B. 利润表　C. 现金流量表　D. 资产负债表和利润表
4. 上市公司盈利能力分析与一般企业盈利能力分析的区别在于（　　）。
   A. 股票价格　B. 利润水平　C. 股东收益　D. 股利发放
5. 下面关于企业营运能力的说法正确的是（　　）。

A. 资产周转次数越多越好 B. 资产周转天数越多越好
C. 销售额越大越好 D. 营运资金越多越好

6. 以下（ ）指标是评价上市公司获利能力的基本和核心指标。
A. 每股市价 B. 每股净资产 C. 每股收益 D. 净资产收益率

7. 理论上说，市盈率越高的股票，买进后股价下跌的可能性（ ）。
A. 越大 B. 越小 C. 不变 D. 两者无关

8. 正常情况下，如果同期银行存款利率为4%，那么，市盈率应为（ ）。
A. 20 B. 25 C. 40 D. 50

9. 企业自身发展能力的大小取决于企业（ ）的多少。
A. 实收资本 B. 资本总额
C. 可动用的自有资金总额 D. 资产总额

10. 利润表的盈利结构分析主要是揭示（ ），以便于提出解决对策。
A. 盈利水平 B. 亏损原因 C. 盈利类型 D. 利润形成过程

11. 在计算总资产周转率时使用的收入指标是（ ）。
A. 补贴收入 B. 其他业务收入 C. 投资收入 D. 营业收入

12. 某公司2015年的营业收入为60 111万元，其年初资产总额为6 810万元，年末资产总额为8 600万元，该公司总资产周转率及周转天数分别为（ ）。
A. 8.83次，40.77天 B. 6.99次，51.50天
C. 8.83次，51.50天 D. 7.80次，46.15天

13. 某公司某年末流动负债80万元，速动比率为1，流动比率为1.8，年度营业成本为640万元，公司存货均衡，则存货周转率为（ ）。
A. 6次 B. 8次 C. 9次 D. 10次

14. 某公司下一年度的净资产收益率预计为16%，资产负债率调整为45%，则其资产收益率应达到（ ）%。
A. 8.8 B. 16 C. 7.2 D. 23.2

15. 企业当年实现营业收入3 800万元，净利润480万元，资产周转率为2，则总资产利润率为（ ）%。
A. 12.6 B. 6.3 C. 25.3 D. 10

16. 下列各项中能够提高企业可持续发展能力的指标是（ ）。
A. 营业利润率 B. 营业收入增长率 C. 股利支付率 D. 资产负债率

17. 能够反映企业发展能力的指标是（ ）。
A. 总资产周转率 B. 资本积累率 C. 已获利息倍数 D. 资产负债率

（三）多项选择题

1. 影响营业利润率的因素主要包括（ ）。
A. 营业利润 B. 资产减值准备 C. 财务费用
D. 营业收入 E. 投资收益

2. 下列因素中影响总资产收益率的有（ ）。
A. 税后利润 B. 所得税 C. 利息
D. 资产平均占用额 E. 息税前利润额

3. 下列各项中，会使市盈率直接提高的因素有（ ）。

A. 每股收益提高　B. 每股市价上升　C. 每股收益降低　D. 每股市价下降

4. 影响每股收益的因素包括（　）。
A. 优先股股数　B. 可转换债券的数量
C. 净利润　D. 优先股股利
E. 普通股股数

5. 导致企业的市盈率发生变动的因素是（　）。
A. 企业财务状况的变动　B. 同期银行存款利率
C. 上市公司的规模　D. 行业发展
E. 股票市场的价格变动

6. 以下影响股价升降的主要因素是（　）。
A. 行业发展前景　B. 政府宏观政策
C. 经济环境　D. 企业的经营成果
E. 企业的发展前景

7. 下列各项中，使每股收益提高的因素有（　）。
A. 净利润增加　B. 净资产收益率提高
C. 每股账面价值提高　D. 每股市价提高

8. 下列各项表述中，正确的有（　）。
A. 每股收益下降说明利润额下降
B. 营业利润率下降不等于利润额下降
C. 总资产周转率提高不等于增强企业盈利能力
D. 总资产收益率提高可能是资产总额减少

9. 为提高资产营运能力，企业应采取的措施有（　）。
A. 提高商品经营盈利能力　B. 优化资本结构
C. 优化资产结构　D. 加速资产周转

10. 下列命题中，正确的有（　）。
A. 流动比率和速动比率之差等于现金比率
B. 通常情况下，存货周转率越高，说明企业存货管理越好
C. 在销售额一定的情况下，企业资产总额越小，资产周转率越高
D. 一般而言，企业资产周转速度越快，企业盈利能力越强

11. 下列项目中，影响资产周转率的指标或项目有（　）。
A. 营业收入　B. 资产结构　C. 资产规模　D. 利润

12. 下列项目中，影响固定资产周转率的指标或项目有（　）。
A. 固定资产规模　B. 固定资产结构　C. 营业收入　D. 固定资产利用率

13. 下列项目中，影响流动资产周转率的指标或项目有（　）。
A. 营业成本　B. 存货周转率
C. 实施最低存货管理制度　D. 尽可能拖欠应付账款

14. 下列项目中，能够提高流动资产周转率的项目有（　）。
A. 勤进快销
B. 提高负债率
C. 严格销售的信用管理，加快收回应收账款
D. 在销售不畅的情况下，加快生产产品

15. 下列项目中，能够提高总资产周转率的项目有（　　）。
A. 扩大销售，增加收入
B. 缩减长期投资规模，增加现金持有量
C. 控制现有生产规模，加大科研开发费用投入，提高生产效率
D. 提高无形资产的实际投资
16. 下列项目中，能够提高现金周转率的项目有（　　）。
A. 提高现销比率，减少应收账款　　B. 增加存货，减少现金存量
C. 增加银行短期借款　　D. 扩大销售，增加收入
17. 下列项目中，可能加速存货周转率的项目有（　　）。
A. 在保持生产成本总额不变的情况下，提高产品生产成本中间接成本比例
B. 在保持生产成本总额不变的情况下，降低产品生产成本中间接成本比例
C. 减少材料浪费损失
D. 努力减少库存
18. 下列项目中，可能加速库存商品周转率的项目有（　　）。
A. 扩大销售　　B. 提高应收账款周转率
C. 降低生产成本　　D. 提高在产品周转率
19. 影响应收账款周转率下降的原因主要是（　　）。
A. 赊销的比率　　B. 客户故意拖延
C. 企业的收账政策　　D. 客户财务困难
E. 企业的信用政策
20. 影响企业资产周转率的因素包括（　　）。
A. 资产的管理力度　　B. 经营周期的长短
C. 资产构成及其质量　　D. 企业所采用的财务政策
E. 所处行业及其经营背景
21. 下列经济业务会影响企业存货周转率的是（　　）。
A. 收回应收账款　　B. 销售产成品
C. 期末购买存货　　D. 偿还应付账款
E. 产品完工验收入库
22. 下列各项指标中，可以与资产增长率同时增长的有（　　）。
A. 资产利润率　　B. 营业净利率　　C. 资产负债率　　D. 股利支付率

（四）判断题

（　　）1. 企业盈利能力的高低与利润的多少成正比。
（　　）2. 影响成本费用利润率的因素与影响营业收入利润率的因素是相同的。
（　　）3. 通常情况下，企业营运能力增强，其盈利能力也会增强。
（　　）4. 盈利的企业不一定财务状况好，但财务状况好的企业一定盈利状况好。
（　　）5. 通常每股收益提高可以提高每股净资产。
（　　）6. 股利支付率越高，每股净资产就会越低，企业股票的市场价值可能越低。
（　　）7. 营业周期短、固定费用低的行业毛利率较高。
（　　）8. 资产周转次数越多越好，周转天数越少越好。
（　　）9. 现销业务越多，应收账款周转率越高。

(　　) 10. 加强应收账款管理的主要目的是确保不发生坏账。
(　　) 11. 在提高现金周转率、增加现金流入总额的同时，应不断降低现金留存余额。
(　　) 12. 在固定资产总额不变的情况下，流动资产周转率越高，固定资产周转率就越高。
(　　) 13. 期末存货采用何种计价方法，对同期存货周转率、流动比率均无影响。
(　　) 14. 计算存货周转率时使用销售成本指标较使用销售收入指标更为准确。
(　　) 15. 存货采购次数过多，可能是因为存货周转率过低的缘故。
(　　) 16. 提高留存收益比率可以增强企业可持续增长能力。
(　　) 17. 股利政策是影响企业资本积累率的一个重要因素。
(　　) 18. 研究与开发的资金投入水平是评价企业可持续发展的重要指标。

（五）计算分析题

1. 根据资料分析 D 公司的盈利能力。

资料：

（1）资产负债表见表 2-9。

（2）利润表见表 3-13。

表 3-13　利　润　表

会企 02 表

编制单位：D 公司　　　　2015 年 12 月　　　　（单位：元）

项　目	本期金额	上期金额
一、营业收入	8 700 000	7 800 000
减：营业成本	6 060 000	5 180 000
营业税金及附加	350 000	316 000
销售费用	245 000	340 000
管理费用	326 500	394 440
财务费用	135 000	114 000
资产减值损失	33 500	19 600
加：公允价值变动收益（损失以“－”号填列）		
投资收益（损失以“－”号填列）	580 000	500 000
其中：对联营企业和合营企业投资收益		
二、营业利润（损失以“－”号填列）	2 130 000	1 935 960
加：营业外收入		
减：营业外支出	130 000	120 000
其中：非流动资产处置损失		
三、利润总额（损失以“－”号填列）	2 000 000	1 815 960
减：所得税费用	594 000	582 000
四、净利润（损失以“－”号填列）	1 406 000	1 233 960
五、每股收益：		
（一）基本每股收益		
（二）稀释每股收益		

（3）其他相关资料：假设2015年利息总支出为350 000元，2014年为160 000元；2014年的期初资产总额为5 952 000元；2014年年初净资产为3 856 000元；资本金没有变化。

要求：

（1）计算表3-14中D公司2014、2015年有关盈利能力指标。

表3-14 D公司2014、2015年有关盈利能力指标计算表

盈利能力指标	2014年（%）	2015年（%）	行业平均水平（%）
毛利率			25
营业利润率			20
营业净利润率			18
总资产收益率			15
净资产收益率			8
资本金报酬率			11
成本费用利润率			9
利息保障倍数			3.5倍

（2）与2014年比，D公司2015年盈利能力如何？

（3）通过与行业平均水平比，对D公司盈利能力进行综合分析。

2. 根据资料计算分析D公司的营运能力。

资料：

（1）资产负债表见表2-9。

（2）利润表见表3-13。

（3）其他相关资料：假设D公司2013年年末应收账款余额为472 500元，存货余额为480 000元，流动资产余额为3 687 000元，固定资产净值为1 980 000元，总资产余额为5 952 000元。

要求：

（1）计算表3-15中D公司2014、2015年营运能力指标。

表3-15 D公司2014、2015年营运能力计算表

营运能力指标	2014年/天	2015年/天	行业平均水平/天
总资产周转率			320
固定资产周转率			210
流动资产周转率			190
应收账款周转率			45
存货周转率			41

（2）与2014年比，D公司2015年营运能力如何？

（3）通过与行业平均水平比，对D公司的营运能力进行综合分析。

3. 根据资料计算分析D公司的发展能力。

资料：

（1）资产负债表见表2-9。

（2）利润表见表3-13。

（3）其他相关资料：假设2012年营业收入总额为5 980 000元，2013年营业收入总额为6 500 000元，2012年年末资产总额为5 586 000元，2013年年末资产总额为5 952 000元，2012

年年末所有者权益为 2 850 000 元，2013 年年末所有者权益总额为 3 100 000 元。

要求：

（1）计算表 3-16 中 D 公司有关发展能力指标。

表 3-16 D 公司有关发展能力指标计算表

发展能力指标	2014 年（%）	2015 年（%）	行业平均水平（%）
营业收入增长率			25
三年平均营业收入增长率			28
总资产增长率			15
三年平均总资产增长率			12
资本积累率			21
三年平均资本积累率			18

（2）根据上述指标对 D 公司的发展能力做出分析和评价。

第四章　现金流量表分析

通过本章学习，领会现金流量质量分析的含义和现金流量信息的作用；掌握现金流量的增减变动分析、结构分析和财务比率分析的内容和方法。

学会现金流量趋势分析、结构分析和财务比率分析的计算方法，能够进行现金流量表分析的操作。

教学引导

现金流量表是反映企业一定期间内现金和现金等价物流入、流出信息的会计报表，是企业三大会计报表之一。通过揭示企业获取现金和现金等价物的能力，可以评价企业经营活动及其成果的质量；通过现金及现金等价物流入、流出结构的变化，可以评价和预测企业的财务状况。在市场经济中，现金与现金流量和一个企业的生存、发展、壮大息息相关，“现金至上”的观念名副其实。但是，要真正发挥现金流量表的作用，还需要对现金流量有深入的认识并掌握一定的分析技巧。

那么现金流量表应如何阅读和分析，则是本章所述主要内容。

第一节 企业现金流量质量分析

现金流量表是反映企业现金流入和流出状况的报表。从财务角度看，企业的经营活动可视为一个现金流程，现金一方面不断流入企业，另一方面又不断流出企业，是企业的“血液”。现金流量状况直接反映企业这一组织有机体的健康状况。

现金流量的质量是指企业的现金流量能够按照企业的预期目标进行运转的质量。具有较好质量的现金流量应当具有如下特征：① 企业现金流量的状态体现了企业发展的战略要求；② 在稳定发展阶段，企业经营活动的现金流量应当与企业经营活动产生的利润有一定的对应关系，并能为企业的扩张提供现金流量的支持。现金流量质量分析是指评价现金流量对企业经营状况的客观反映程度，为改善企业财务与经营状况、增强持续经营能力提供相应的信息。

一、经营活动产生的现金流量的质量分析

经营活动现金流量是企业现金的主要来源，与净利润相比，经营活动所产生的现金净流量的多少，能够更确切地反映企业的经营质量。

经营活动产生的现金流量净额指标表明企业经营活动获取现金的能力。通过该指标与净利润率指标相比较，可以了解到企业净利润的现金含量，而净利润的现金含量则是企业市场竞争力的根本体现。如果企业的净利润大大高于“经营活动产生的现金流量净额”，则说明企业利润的含金量不高，存在大量的赊销行为及未来的应收账款收账风险，同时某种程度上存在着利润操纵之嫌。在了解该指标的过程中，我们还可以了解到企业相关税费的缴纳情况。对于经营活动产生的现金流量质量，可通过以下表现形式进行分析：

（一）经营活动产生的现金流量净额小于零

经营活动产生的现金流量净额小于零，意味着企业通过正常的供、产、销所带来的现金流入量，不足以支付因上述经营活动而引起的现金流出。企业正常经营活动所需的现金支付，则需要通过以下几种方式来解决：

（1）消耗企业现存的货币积累。

（2）挤占本来可以用于投资活动的现金，推迟投资活动的进行。

（3）在不能挤占本来可以用于投资活动的现金的条件下，进行额外贷款融资，以支持经营活动的现金需要。

（4）在没有贷款融资渠道的条件下，只能用拖延债务支付或加大经营负债规模来解决。

如果这种情况出现在企业经营初期，我们可以认为是企业在发展过程中不可避免的正常状态。因为在企业生产经营活动的初期，各个环节都处于“磨合”状态，设备、人力资源的利用率相对较低，材料的消耗量相对较高，经营成本较高，从而导致企业现金流出较多。同时，为

了开拓市场，企业有可能投入较大资金，采用各种手段将自己的产品推向市场，从而有可能使企业在这一时期的经营活动现金流量表现为“入不敷出”的状态。但是，如果企业在正常生产经营期间仍然出现这种状态，说明企业通过经营活动创造现金净流量的能力下降，应当认为企业经营活动现金流量的质量差。

（二）经营活动产生的现金流量净额等于零

经营活动产生的现金流量净额等于零，意味着企业通过正常的供、产、销所带来的现金流入量，恰恰能够支付因上述经营活动而引起的现金流出，企业的经营活动现金流量处于“收支平衡”的状态。在这种情况下，企业正常经营活动虽然不需要额外补充流动资金，但企业的经营活动也不能为企业的投资活动以及融资活动贡献现金。

必须指出的是，按照企业会计准则，企业经营成本中有相当一部分属于按照权责发生制原则的要求而确认的摊销成本（如无形资产、长期待摊费用摊销，固定资产折旧等）和应计成本（如预提设备大修理费用等），即非付现成本。这样，在经营活动产生的现金流量等于零时，企业经营活动产生的现金流量不可能为这部分非付现金成本的资源消耗提供货币补偿。如果这种状态长期持续下去，企业的“简单再生产”都不可能维持。因此，如果企业在正常生产经营期间持续出现这种状况，说明企业经营活动现金流量的质量不高。

（三）经营活动产生的现金流量净额大于零

经营活动产生的现金净流量大于零，意味着企业具有创造现金的能力，通常表明企业生产经营状况较好。

但是，企业经营活动产生的现金净流量仅大于零是不够的。经营活动产生的现金净流量大于零并在补偿当期的非付现成本后仍有剩余，才意味着企业通过正常的供、产、销所带来的现金流入量，不但能够支付因经营活动而引起的现金流出、补偿全部当期的非付现成本，而且还有余力为企业的投资等活动提供现金支持。这种状态通常表明企业所生产的产品适销对路，市场占有率高，销售回款能力较强，同时企业的付现成本、费用控制有效。在这种状态下，企业经营活动的利润才具有含金量，对企业经营活动的稳定与发展、企业投资规模的扩大才能起到重要的促进作用。

（四）经营活动现金流量净额与净利润对比分析

现金流量表补充资料中，第一项是将净利润调节为经营活动的现金流量，就是将净利润与经营活动产生的现金流量净额进行比较，以了解净利润与经营活动产生的现金流量净额差异的原因，从现金流量的角度分析企业净利润的质量，同时也能反映现金流量的质量。

利润表上反映的净利润，是企业根据权责发生制原则确定的，它并不能反映企业生产经营活动产生了多少现金净流入；而现金流量表中的经营活动产生的现金流量净额是以收付实现制原则为基础确定的，因此经营活动产生的现金流量净额与净利润往往是不一致的。但是，为了防止人为操纵利润和加强企业营销管理，有必要将经营活动的现金流量净额与净利润进行对比，了解净利润与经营活动产生的现金流量差异的原因，从而对净利润质量进行评价。如果经营活动产生的现金流量净额与净利润之比大于 1 或等于 1，通常说明会计收益的收现能力较强，经营活动现金流量质量与净利润质量较好；若小于 1，则说明净利润可能受到人为操纵或存在大量应收账款，经营活动现金流量质量与净利润质量较差。

二、投资活动产生的现金流量的质量分析

从投资活动的目的分析，企业的投资活动主要有三个目的：

（1）为企业正常生产经营活动奠定基础，如购建固定资产、无形资产和其他长期资产等。

（2）为企业对外扩张和其他发展性目的进行权益性投资和债权性投资。

（3）利用企业暂时不用的闲置货币资金进行短期投资，以求获得较高的投资收益。

投资活动产生的现金流量净额指标反映企业固定资产投资及权益性、债权性投资业务的现金流量情况。投资活动现金流出会对企业未来的市场竞争力产生影响，其数额较大时，应对相关投资行为的可行性做相应的分析了解。对于投资活动产生的现金流量质量，可通过以下表现形式进行分析：

（一）投资活动产生的现金流量净额小于零

投资活动产生的现金流量净额小于零，意味着企业在购建固定资产、无形资产和其他长期资产、权益性投资以及债权性投资等方面所流出的现金之和，大于企业因收回投资、分得股利或利润、取得债券利息收入、处置固定资产、无形资产和其他长期资产而流入的现金净额之和。

通常情况下，企业投资活动的现金流量处于“入不敷出”的状态，投资活动所需资金的“缺口”可以通过以下几种方式解决：

（1）消耗企业现存的现金积累。

（2）利用经营活动积累的现金进行补充。

（3）在不能挤占经营活动的现金的条件下，通过贷款融资渠道对外融资。

（4）在没有贷款融资渠道的条件下，适度拖延债务支付时间或加大投资活动的负债规模。

在企业的投资活动符合企业的长期规划和短期计划的条件下，投资活动产生的现金流量净额小于零，表明企业扩大再生产的能力较强，也可能表明企业进行产业及产品结构调整的能力或参与资本市场运作实施股权及债权投资的能力较强，是投资活动现金流量的正常状态。企业投资活动的现金流出大于流入的部分，将由经营活动的现金流入量来补偿。例如，企业的固定资产、无形资产购建支出，将由未来使用有关固定资产和无形资产会计期间的经营活动的现金流量来补偿。

（二）投资活动产生的现金流量净额大于或等于零

投资活动产生的现金流量大于或等于零，意味着企业在投资活动方面的现金流入量大于或等于流出量。

这种情况的发生，如果是由于企业在本会计期间的投资回收的规模大于投资支出的规模，表明企业资本运作收效显著、投资回报及变现能力较强；如果是由于企业处理手中的长期资产以求变现，则表明企业产业、产品结构将有所调整，或者未来的生产能力将受到严重影响，已经陷入深度的债务危机之中。因此，必须对企业投资活动的现金流量原因进行具体分析。

三、筹资活动产生的现金流量的质量分析

筹资活动产生的现金流量反映了企业的融资能力和融资政策，可以通过以下表现形式进行质量分析：

（一）筹资活动产生的现金流量净额大于零

筹资活动产生的现金流量净额大于零，意味着企业在吸收权益性投资、发行债券以及借款等方面所收到的现金之和大于企业在偿还债务、支付筹资费用、分配股利或利润、偿付利息以及减少注册资本等方面所支付的现金之和。

在企业起步到成熟的整个发展过程中，筹资活动产生的现金流量净额往往大于零，通常表明企业通过银行及资本市场筹资的能力较强。例如，在企业处于发展的起步阶段，投资需要大量的资金，而此时企业经营活动的现金流量净额又多小于零，企业对现金的需求，主要通过筹资活动来解决。因此，分析企业筹资活动产生的现金流量大于零是否正常，关键要看企业的筹资活动是否已经纳入企业的发展规划，是企业管理层的主动行为，还是企业因投资活动和经营活动的现金流出失控不得已而为之的被动行为。

（二）筹资活动产生的现金流量净额小于零

筹资活动产生的现金流量净额小于零，意味着企业筹资活动收到的现金之和小于企业筹资活动支付的现金之和。

这种情况的出现，如果是企业在本会计期间集中发生偿还债务、支付筹资费用、分配股利或利润、偿付利息等业务，则表明企业经营活动与投资活动在现金流量方面运转较好，自身资金周转已经进入良性循环阶段，经济效益得到增强，从而使企业支付债务本息和股利的能力加强。如果企业筹资活动产生的现金流量净额小于零，是由于企业在投资和企业扩张方面没有更多作为造成的，或者是丧失融资信誉造成的，则表明筹资活动产生的现金流量质量较差。

四、现金及现金等价物净增加额的质量分析

（一）现金及现金等价物净增加额为正数

企业的现金及现金等价物净增加额为正，如果是由经营活动产生的现金流量净额引起的，通常表明企业经营状况好，收现能力强，坏账风险小；如果是由投资活动产生的，甚至是由处置固定资产、无形资产或其他长期资产引起的，则表明企业生产经营能力衰退，或者是企业为了走出不良境地而调整资产结构，须结合资产负债表和损益表做深入分析；如果是由筹资活动引起的，则意味着企业未来将支付更多的本息或股利，需要未来创造更多的现金流量净增加额，才能满足偿付的需要，否则，企业就可能承受较大的财务风险。

（二）现金及现金等价物净增加额为负数

企业的现金及现金等价物净增加额为负数，通常是一个不良信息。但如果企业经营活动产生的现金流量净额是正数，且数额较大，而企业整体上现金流量净减少主要是由固定资产、无形资产或其他长期资产投资引起的，或主要是由对外投资引起的，则可能是企业为了进行设备更新或扩大生产能力或投资开拓更广阔的市场，此时现金流量净减少并不意味着企业经营能力不佳，而是意味着企业未来可能有更大的现金流入。同样情况下，如果企业现金流量净减少主要是由于偿还债务及利息引起的，这就意味着企业未来用于偿债的现金将减少，企业财务风险变小，只要企业生产经营保持正常运转，企业就不会走向衰退。

五、现金流量质量分析举例

例4-1 根据表4-1的A公司2014年现金流量表和表4-2现金流量表补充资料，对A公司2014年现金流量质量进行分析。

表4-1 现金流量表（比较表）

会企03表

编制单位：A公司　　2014年12月　　（单位：万元）

项　目	本期金额	上期金额
一、经营活动产生的现金流量		
销售商品、提供劳务收到的现金	237 557	197 238
收到的其他与经营活动有关的现金	4 465	3 281
经营活动现金流入小计	242 022	200 519
购买商品、接受劳务支付的现金	79 598	61 595
支付给职工及为职工支付的现金	58 703	49 510
支付的各项税费	12 678	11 632
支付其他与经营活动有关的现金	45 674	36 517
经营活动现金流出小计	196 653	159 254
经营活动产生的现金流量净额	45 369	41 265
二、投资活动产生的现金流量		
收回投资所收到的现金	35 799	0
取得投资收益收到的现金	0	0
处置固定资产、无形资产和其他长期资产收回的现金净额	8	7
收到其他与投资活动有关的现金	0	0
投资活动现金流入小计	35 807	7
购建固定资产、无形资产和其他长期资产支付的现金	17 666	19 472
投资支付的现金	56 170	
支付其他与投资活动有关的现金		11 486
投资活动现金流出小计	73 836	30 958
投资活动产生的现金流量净额	-38 029	-30 951
三、筹资活动产生的现金流量		
吸收投资收到的现金	9 726	7 423
取得借款收到的现金	0	0
收到其他与筹资活动有关的现金	0	2 880
筹资活动现金流入小计	9 726	10 303
偿还债务支付的现金	0	6 400
分配股利、利润或偿付利息支付的现金	6 997	5 021
支付其他与筹资活动有关的现金	0	0
筹资活动现金流出小计	6 997	11 421
筹资活动产生现金流量净额	2 729	-1 118
四、汇率变动对现金及现金等价物的影响	0	0
五、现金及现金等价物净增加额	10 069	9 196
加：期初现金及现金等价物余额	61 971	52 775
六、期末现金及现金等价物余额	72 040	61 971

表 4-2　A 公司现金流量表补充资料

（单位：万元）

项　　目	本期金额	上期金额
1. 将净利润调节为经营活动现金流量：		
净利润	31 288	21 932
加：资产减值准备	1 328	1 474
固定资产折旧、油气资产折耗、生产性生物资产折旧	11 428	10 966
无形资产摊销	121	127
长期待摊费用摊销	6 064	5 382
处置固定资产、无形资产和其他长期资产损失	99	31
固定资产报废损失（收益以“－”号填列）	0	0
公允价值变动损失（收益以“－”号填列）	0	0
财务费用	0	266
投资损失（收益以“－”号填列）	－1 662	0
递延所得税资产减少（增加以“－”号填列）	－729	－304
递延所得税负债增加（减少以“－”号填列）	－4	－12
存货的减少（增加以“－”号填列）	－2 510	－2 068
经营性应收项目的减少（增加以“－”号填列）	－7 685	－4 931
经营性应付项目的增加（减少以“－”号填列）	6 505	7 019
其他	1 126	1 383
经营活动产生的现金流量净额	45 369	41 265
2. 不涉及现金收支的重大投资和筹资活动：		
债务转为资本	0	0
一年内到期的可转换公司债券	0	0
融资租入固定资产	0	0
3. 现金及现金等价物净变动情况：		
现金的期末余额	72 040	61 971
减：现金的期初余额	61 971	52 775
加：现金等价物的期末余额	0	0
减：现金等价物的期初余额	0	0
现金及现金等价物净增加额	10 069	9 196

从表 4-1 可以看出，A 公司 2014 年经营活动现金流量净额为 4.54 亿元，比 2013 年度增加近 0.4 亿，与前述营业收入增长保持同步，表明公司经营活动获取现金的能力较强。同时，根据表 4-2 A 公司现金流量表补充资料，将 A 公司 2014 年经营活动产生的现金流量净额与当年净利进行比较还可以看出，经营活动产生的现金流量净额是当年净利的 1.45 倍，一方面表明公司净利润质量高，另一方面也再次显示经营活动现金流量质量比较好。

从表 4-1 还可以看出，A 公司投资活动现金流量净额为负 3.8 亿，虽然数额较大，但与经营活动现金流量净额 4.54 亿元相比，还是在公司可承受范围内，不需要外部资金来解决公司的对内对外投资。再结合 2014 年 A 公司资产负债表可以发现，投资活动现金流出与该公司可供出售金融资产增加1.2亿和固定资产原值增加近1亿存在直接关联，一方面表明公司开始注意利用富余的资金对外投资，另一方面也表明公司仍处于比较强劲的发展中。公司的投资活动与正常生产经营活动相协调，是确保投资活动现金流量质量的必然要求。

另外，从表4-1还可以看出，A公司筹资活动现金流量净额为2 729万元，主要是吸收投资大于分配股利（结合利润分配表）的结果，表明2014年A公司筹资活动现金流量状况是正常的，不存在质量问题。

综上所述，A公司2014年度现金流量质量是好的，而且是整体性的好。

第二节 企业现金流量趋势分析

对现金流量表进行分析，一个重要的意义就是预测企业未来现金流量的情况。但是，单看企业一个时期的现金流量表并不能准确判断企业财务状况和经营成果变动的原因，不能有效预测企业未来的现金流量状况，只有对连续数期的现金流量表进行比较分析，才能了解哪些项目发生了变化，并从中掌握其变动趋势，从大局上把握企业的发展方向，进而做出正确的决策。

一、现金流量趋势分析的内容及方法

现金流量的趋势分析是根据企业三年或三年以上的现金流量资料，观察企业现金流入、流出的长期变动趋势，并根据此趋势预测企业未来现金流入、流出可能达到的水平。现金流量表趋势分析的方法有三种：定比分析法、环比分析法和平均增长率法。

1. 现金流量趋势定比分析

现金流量趋势定比分析是将各年现金流量的增减额与某一固定时期的现金流量水平进行对比，反映企业各期现金流量与固定时期对比的总增长变化情况。

例4-2 根据表4-3提供的A公司四年经营活动现金流量数据，对该公司三年经营活动现金流量进行定比变动趋势分析，定比计算数据见表4-4。

表4-3 A公司2011～2014年经营活动现金流量表

（单位：万元）

项　目	2011年	2012年	2013年	2014年
1. 销售商品、提供劳务收到的现金	129 377	160 601	197 238	237 557
2. 收到的其他与经营活动有关的现金	3 933	3 945	3 281	4 465
3. 经营活动现金流入小计	133 310	164 546	200 519	242 022
4. 购买商品、接受劳务支付的现金	35 849	45 185	61 595	79 598
5. 支付给职工及为职工支付的现金	28 947	40 029	49 510	58 703
6. 支付的各项税费	8 245	9 120	11 632	12 678
7. 支付其他与经营活动有关的现金	34 559	40 030	36 517	45 674
8. 经营活动现金流出小计	107 600	134 364	159 254	196 653
9. 经营活动产生的现金流量净额	25 711	30 182	41 265	45 369

表 4-4 A 公司 2012～2014 年经营活动现金流量定比增长率计算表

（单位：%）

项　目	2011 年	2012 年	2013 年	2014 年
1. 销售商品、提供劳务收到的现金	100	124.13	152.45	183.62
2. 收到的其他与经营活动有关的现金	100	100.31	83.42	113.53
3. 经营活动现金流入小计	100	123.43	150.42	181.55
4. 购买商品、接受劳务支付的现金	100	126.04	171.82	220.04
5. 支付职工工资和为职工支付的现金	100	138.28	171.04	202.79
6. 支付的各种税费	100	110.61	141.08	153.77
7. 支付其他与经营活动有关的现金	100	115.83	105.67	132.17
8. 经营活动现金流出小计	100	124.87	148.01	182.76
9. 经营活动产生的现金流量净额	100	117.39	160.50	176.46

通过表 4-4 可以看出，A 公司的经营活动现金流量净额定比均为增长，并呈逐年递增的趋势，与各主要经营活动项目的现金流量的增长方向一致，表明三年来公司经营活动现金流量总体走势良好，现金充足。结合利润表我们还可以发现，公司经营活动现金流量与公司营业收入和营业成本的增长保持了一致，说明公司经营活动处于平稳增长的状态。

但是，需要注意的是：从 2013 年开始，“购买商品、接受劳务支付的现金”和“支付职工工资和为职工支付的现金”的增长幅度，远远大于“销售商品、提供劳务收到的现金”的增长幅度，且差距越来越大，表明公司付现成本费用增长很快，尤其是职工工资增长更快，这与物价上涨、工资上涨有直接关系，对公司经营利润的增长造成了极大压力。

2. 现金流量趋势环比分析

现金流量趋势环比分析是将各年现金流量的逐期增加额，与其前一年的现金流量水平进行对比，反映企业各期现金流量比其前一期增长变化的情况。

两种方法相比，定比分析主要用于说明企业现金流量在一个比较长的时期内总的发展变化的情况；环比分析主要用于说明企业现金流量各期发展变化的情况。

例 4-3 根据表 4-3 提供的 A 公司四年经营活动现金流量数据，对该公司三年经营活动现金流量进行环比变动趋势分析，环比计算数据见表 4-5。

表 4-5 A 公司 2012～2014 年经营活动现金流量环比增长率计算表

（单位：%）

项　目	2012 年	2013 年	2014 年
1. 销售商品、提供劳务收到的现金	24.13	22.81	20.44
2. 收到的其他与经营活动有关的现金	0.31	-16.83	36.07
3. 现金流入小计	23.43	21.86	20.70
4. 购买商品、接受劳务支付的现金	26.04	36.32	29.23
5. 支付职工工资和为职工支付的现金	38.28	23.67	18.57
6. 支付的各种税费	10.61	27.54	8.99
7. 支付的其他与经营活动有关的现金	15.83	-8.78	25.08
8. 现金流出小计	24.87	18.52	23.48
9. 经营活动产生的现金流量净额	17.39	36.72	9.95

通过表4-5可以，A公司的经营活动现金流量净额环比呈每年增长趋势，除“收到的其他与经营活动有关的现金”项目外，与各项经营活动项目的现金流量的增长方向一致，说明公司经营活动的现金流量是健康稳定的。

从表4-5还可以看出，“销售商品、提供劳务收到的现金”三年中增长幅度均在20%以上，虽然呈减缓的趋势，应该是与基数的扩大有关，公司的经营活动保持了平稳增长势头，而且与公司营业收入的增长（结合利润表分析）基本保持一致，表明公司进入成熟期。

但是，从表4-5还可以进一步发现，“购买商品、接受劳务支付的现金”每年的增长幅度远高于“销售商品、提供劳务收到的现金”增长的幅度，表明由于物价上涨使公司采购成本加大，造成采购现金流出增长幅度高于营业收入现金流入增长幅度，会给公司经营利润的增长产生压力。关于这一点，也体现在2014年“经营活动产生的现金流量净额”的增长远低于前两年上。

总之，通过A公司经营现金流量环比分析表明，该公司现金流量总体走势良好，现金流量状况与经营状况基本保持了一致，是比较理想的状态。

3. 经营活动现金流量平均增长率分析

为了避免定比和环比分析中经营活动现金流量增长变动受经营活动短期波动因素的影响，可以通过计算连续三年的经营活动现金流量平均增长率，来反映在企业较长时期内的经营活动现金流量增长情况，从经营活动现金流量的长期增长趋势和稳定程度来判断企业现金流量趋势。具体计算分析时，可就经营活动主要项目的现金流入、流出和经营活动产生的现金流量净额进行增长变动分析。

例4-4 根据表4-3提供的A公司四年现金流量数据，对该公司经营活动现金流量三年平均增长趋势进行简要分析，平均增长率计算数据见表4-6。

表4-6 A公司2014年经营活动现金流量（主要项目）三年平均增长率计算表

（单位：万元）

项　　目	2011年	2014年	三年平均增长率（%）
1. 销售商品、提供劳务收到的现金	129 377	237 557	22.45
2. 经营活动现金流入小计	133 310	242 022	21.99
3. 购买商品、接受劳务支付的现金	35 849	79 598	30.46
4. 经营活动现金流出小计	107 600	196 653	22.26
5. 经营活动产生的现金流量净额	25 711	45 369	20.84

通过表4-6可以看出，A公司经营活动中“销售商品、提供劳务收到的现金”平均增长与“经营活动现金流入”平均增长基本一致，都保持高速增长，一方面说明公司经营活动的现金流入是健康稳定的，另一方面也说明销售商品、提供劳务收到的现金是公司经营活动现金流入的决定因素。

从表4-6还可以看出，A公司“经营活动中购买商品、接受劳务支付的现金”平均增长远高于“经营活动现金流出”平均增长，也印证了前面定比、环比分析中的结论，即由于物价上涨使公司采购成本加大，造成采购现金流出增长幅度较高。但是值得注意的是，公司经营活动现金流出平均增长却与经营活动现金流入平均增长基本一致，说明公司在物价不断上涨采购付现增加的同时，对经营活动中其他付现成本费用的控制力度加强（可结合公司利润表分析），并最终实现了“经营活动现金流量净额”20.84%的平均增长。

从A公司经营活动现金流量三年平均增长分析中，可以说明该公司经营活动现金流量走势良好，现金流量状况健康稳定。

二、现金流量趋势分析应注意的问题

现金流量趋势分析，不能单纯就某个项目的变动进行孤立分析，要结合表中项目与项目之间、表与表之间有关项目的相互联系进行分析，只有这样才能全面准确地对企业现金流量的变化趋势进行分析评价。分析时，尤其应注意以下几点：

（1）经营活动现金流量趋势分析，要将现金的流入、流出的变动同利润表中营业收支变动结合起来；将经营活动现金流量净额的变动同经营活动现金流入、流出的变动结合起来。

（2）投资活动现金流量趋势分析与资产负债表中固定资产、在建工程等长期资产的变动结合起来；投资活动现金流出趋势分析与筹资活动现金流入趋势分析相结合。

（3）筹资活动现金流出趋势分析与经营活动现金流量净额趋势分析相结合。

（4）“现金流量的趋势分析”有3~5年的资料就可以了，资料选择的年限太长，不仅加大工作量，而且与当期相关性弱。

第三节 企业现金流量结构分析

一、现金流量结构分析的意义

现金流量结构可以划分为现金流入结构、现金流出结构和现金流量净额结构。现金流量结构分析就是以这三类结构中某一类或一类中某个项目占其总体的比重所进行的分析。通过结构分析可以具体了解现金主要来自哪里，主要用于何处，以及净现金流量是如何构成的，并可进一步分析个体（即项目）对总体所产生的影响、发生变化的原因和变化的趋势，从而有利于对现金流量做出更准确的评价。

现金流量结构分析一般采用结构百分比法进行。其计算公式为

$$比重 = 某一类或一类中某个项目金额 \div 总体金额$$

二、现金流入结构分析

现金流入结构分析分为总流入结构分析和内部流入结构分析。现金总流入结构分析是对企业经营活动现金流入、投资活动现金流入和筹资活动现金流入在全部现金流入中所占比重进行分析；内部流入结构分析是对各项业务活动现金流入中具体项目的流入构成情况进行分析。通过现金流入结构分析，可以了解企业的现金来自何方，明确各现金流入项目在结构中的比重，分析存在的问题，为增加现金流入提供决策依据。

在现金流入结构具体分析中，可以通过将不同时期的构成比重进行对比，评价企业自身经营创造现金能力的强弱。通常情况下，经营活动现金流入所占现金总流入的比重越高，表明企业的财务基础越稳固，企业持续经营及获利能力的稳定程度越高，收益质量越好，抗风险能力也越强。反之，则说明企业现金的获得要依靠投资和筹资活动，财务基础薄弱，持续稳定获利的能力低，收益质量差。而在经营活动现金流入中，销售商品、提供劳务所收到的现金占比重

越高，表明企业经营活动开展越有成效，经营基础越好，获利能力也越强。

三、现金流出结构分析

现金流出结构分析同样分为总流出结构分析和内部流出结构分析。现金总流出结构分析是对企业经营活动现金流出、投资活动现金流出和筹资活动现金流出在全部现金流出中所占比重进行分析；内部流出结构分析是对各项业务活动现金流出中具体项目的流出构成情况进行分析。通过现金流出结构分析，可以了解企业的现金流向何方，明确各现金流出项目在结构中的比重，分析存在的问题，为控制现金流出提供决策依据。

在现金流出结构具体分析中，可以通过将不同时期的构成比重进行对比，评价企业现金流出的合理性。通常情况下，经营活动现金流出所占现金总流出的比重越高，表明企业生产经营越成熟，获利的能力越强。反之，则可能说明企业生产经营处于起步成长或衰退阶段，获利的能力弱。而在经营活动现金流出中，购买商品、接受劳务支付的现金所占比重越高，表明企业经营活动开展正常，经营基础较好，获利的可能性越高。

四、现金流量净额结构分析

现金流量净额结构分析是对经营活动、投资活动、筹资活动以及汇率变动影响的现金流量净额占全部现金净流量的比重进行分析。通过现金流量净额结构分析，了解企业的现金流量净额是如何形成与分布的，进而对经营活动、投资活动、筹资活动的现金流入与其现金流出进行比较，找出影响现金流量净额的因素，为改进企业现金流量状况提供依据。

例 4-5 根据表4-1 A公司2014年度现金流量表所提供的数据，对A公司经营活动现金流量结构进行分析（投资活动与筹资活动略）。A公司2014年经营活动现金流量结构分析计算数据见表4-7。

表 4-7 A公司现金流量结构分析数据计算表

项 目	流入/万元	流出/万元	净流量/万元	内部结构(%)	流入结构(%)	流出结构(%)	净流量结构(%)
销售商品劳务	237 557			98. 16			
其他现金流入	4 465			1. 84			
现金流入小计	242 022			100	84. 17		
购买商品劳务		79 598		40. 48			
支付给职工		58 703		29. 85			
支付各项税费		12 678		6. 45			
其他现金流出		45 674		23. 23			
现金流出小计		196 653		100		70. 87	
经营流量净额			45 369				450. 54
现金流入总计	287 555				100		
现金流出总计		277 486				100	
现金流量净额			10 070				100

由表4-7所反映的A公司2014年经营活动现金流量结构分析计算数据，可以从以下几方面进行分析：

1. 现金流入结构分析

从表4-7中可以看出，A公司的现金总流入中经营活动现金流入占84.17%，投资和筹资两项活动现金流入只占15.83%，说明公司的现金流入主要靠经营活动的现金流入，进而表明公司此时处于经营成熟期，经营状况好，获现能力强，财务基础稳固。

经营活动现金流入中销售商品提供劳务收到的现金占98.16%，其他只占1.84%，表明公司经营活动开展正常，应该保持下去。

2. 现金流出结构分析

从表4-7可以看出，A公司的现金总流出中经营活动现金流出占70.76%，投资和筹资两项活动现金流出只占29.24%，不足三分之一，与现金流入结构的状况有类似之处，是比较正常的结构。只是其他经营活动现金流出占比高达23.23%，与其他经营活动现金流入占比1.84%对照显得很不协调，说明公司经营管理中存在一定问题或出现了不正常状况，应引起管理当局重视。

经营活动现金流出中，购买商品和劳务占40.48%，同一般制造业比占比比较低，与该公司医疗行业的性质有直接关系；而支付给职工的以及为职工支付的现金占比高达29.85%，同一般制造业比占比比较高，这也与该公司性质有关，表明由于医疗行业员工薪酬较高而付现人工成本高，是正常状况。

3. 现金流量净额结构分析

从表4-7可以看出，经营活动产生的现金流量净额是全部现金流量净额的4.5倍，表明经营活动不仅是全部现金流量净额的来源，而且弥补了投资活动现金流入的不足（就该公司2014年度现金流量总体而言），是公司经营状况与财务状况良好的体现。关于这一点，在上面的现金流入、流出结构分析中也已经体现了。

从以上分析中不难得出，A公司2014年度经营活动现金流量结构是正常的、合理的。

五、现金流量结构分析应注意的问题

现金流量结构分析要结合企业所处的经营周期，企业处于不同的经营周期，其现金流量结构会有所不同，根据企业所处的经营周期确定分析的重点。现金流量结构分析具体应注意以下几点：

（1）对处于开发期的企业，经营活动现金流量可能为负，我们应重点分析企业的筹资活动，分析其资本金是否足值到位，流动性如何，企业是否过度负债，有无继续筹措足够经营的资金的可能；同时判断其投资活动是否适合经营需要，有无出现资金挪用或费用化现象。对于开发过程中对外筹措的资金，应通过现金流量预测分析将还款期限定于经营活动可产生净流入的时期。

（2）对处于成长期的企业，经营活动现金流量应该为正，我们要重点分析其经营活动现金流入、流出结构，分析其货款回笼速度、赊销是否得当，了解成本、费用控制情况，预测企业发展空间。同时，我们要关注这一阶段企业有无过分扩张导致债务增加的情况。

（3）对处于成熟期的企业，投资活动和筹资活动趋于正常化或适当萎缩，我们要重点分析其经营活动现金流入是否有保障，经营活动现金流入增长与营业收入增长是否匹配；同时关注企业是否过分支付股利和盲目对外投资，有无资金外流情况。

（4）对处于衰退期的企业，经营活动现金流量开始萎缩，我们要重点分析其投资活动在收回投资过程中是否获利，有无冒险性的扩张活动，同时要分析企业是否及时缩减负债，减少利息负担。

在上述对A公司2014年现金流量结构的分析中，我们认为该公司已处于成熟期，是因为公司营业活动突出，现金回流好，付现成本费用也得到了有效控制，而且公司也开始注意利用良好的经营活动现金流，开展对外投资和加快固定资产更新，以充分发挥富余资金的作用。

企业现金流量结构分析

实训目标与能力要求

本实训目标是培养学生对企业现金流量结构进行分析的能力。其能力要求是：

（1）掌握企业现金流量结构分析指标的计算。

（2）能够灵活运用企业现金流量结构分析方法对案例进行分析操作。

实训方式与内容

在第一章同步实训分行业、分小组和取得的各自公司基础资料和数据资料的基础上，计算和分析公司的现金流量结构，撰写专题分析报告（文档格式要求同前），参加讨论与讲评。

实训步骤

（1）根据各自公司近三年现金流量表，编制公司现金流量结构计算分析表，将公司近三年现金流量结构各项指标计算结果填入表中。

（2）根据公司现金流量结构计算分析表和公司现金流量表，对公司现金流量结构进行分析评价，分析时同组同学应在一起进行交流、讨论，形成各自分析评价结论，并按要求形成分析报告。

（3）实训小组组长将小组成员的实训成果（分析报告）打包上传，由指导老师组织互评。

（4）指导老师根据学生实训成果的质量和互评结果确定实训成绩。

实训考核

根据学生选择计算分析方法的正确性、指标计算结果的准确性、分析报告写作和参与讨论情况进行评分。

第四节 企业现金流量比率分析

现金流量比率是指现金流量与其相关项目数据相比所得的比值。现金流量表按照经营活动、投资活动和筹资活动提供了现金流入、流出和净流量的数据信息，是衡量和评价经营活动、投资活动和筹资活动的重要标准。利用现金流量与其他有密切关系的项目数据相比进行比率分析，可以从不同的角度对企业的财务状况、经营能力和经营质量做出评价。现金流量比率分析是现金流量分析的一种重要方式，在财务报表分析中占有重要的地位。

现金流量比率分析主要从现金流量的角度对企业的偿债能力、支付能力、资本支出能力、获利能力和盈利质量等方面进行分析。

一、反映偿债能力的现金流量比率分析

在第二章有关企业短期偿债能力分析中我们已经知道，一个企业的短期偿债能力，主要看资产的流动性，即资产的变现速度和变现能力如何来评价。而在资产中，只有货币资金可以直接用于偿还债务，现金等价物由于变现速度最为快捷，一般也可权当现金使用，其他资产则不具备直接偿债的条件。因此，用现金流量来衡量和评价企业的偿债能力，应当是最稳健的、最能说明问题的。将现金流量比率与流动比率、速动比率、资产负债率等相结合，交互使用，多角度观察，有利于对企业的偿债能力做出准确的判断与评价。

（一）偿债能力分析指标的计算与指标意义

反映偿债能力的现金流量比率有现金流量与当期债务比、债务保障率、到期债务本息支付比率等。现金流量评价指标一览表见表4-8。

表4-8 反映企业偿债能力的现金流量评价指标一览表

指标名称	计算公式	指标意义
现金流量比率（现金流动负债比率）	经营活动现金净流量 ÷ 流动负债 ×100% 式中流动负债为期末数	反映企业现金流量对期末流动负债偿还满足程度。该比值越高，表明企业经营活动产生的现金净流量对期末债务清偿的保障越强，也表明企业资产的流动性越好
现金净流量对负债比率（债务保障率）	经营活动现金净流量 ÷ 负债总额 ×100% 式中负债总额为期末数	反映企业现金流量对其全部债务偿还的满足程度。债务保障率越高企业偿还债务的能力越强，一般认为企业的债务保障率只要超过借款付息率，债权人的权益就有保障
到期债务本息保障率	经营活动现金净流量 ÷（到期债务 + 到期利息）×100% 式中到期债务 = 一年内到期的长期债务 + 应付票据，到期利息通常以本期财务费用替代	反映企业经营活动现金净流量对到期债务及利息的满足程度。保障率越高企业偿还到期债务的能力越强，债权人的权益就越有保障

（二）反映偿债能力的现金流量比率分析实例

例4-6 根据表4-3、表2-1和表2-2 A公司现金流量和资产负债相关数据，对反映A公司偿债能力的现金流量比率进行计算分析，计算数据与计算结果见表4-9。

表 4-9 反映偿债能力的现金流量比率分析计算表

项　　目	2012 年	2013 年	2014 年
经营活动现金净流量/万元	30 182	41 265	45 369
流动负债/万元	35 857	37 794	45 106
负债总额/万元	36 093	38 005	45 305
到期债务本息/万元	6 481	-300	-388
现金流动负债比率（%）	84.17	109.84	100.58
债务保障率（%）	83.62	108.58	100.14
到期债务本息保障率（%）	465.70	无意义	无意义

从表4-9可以看出，A公司三年中经营活动现金净流量与当期流动负债和全部负债比均在80%以上，一方面表明公司的现金偿债能力很强，另一方面也说明公司长期负债极少，杠杆效应差。

从表4-9还可以看出，A公司债务本息保障率高得不可想象，并逐年提高，表明公司对到期债务的清偿能力极强。之所以出现这种状况，是因为该公司长期负债很少，又没有应付票据，这是不是好事呢？不是。从理财的角度看，该公司经营状况与盈利水平如此之好（见前面利润表分析），本应充分利用杠杆效应来获取更多收益，但该公司没有，造成大量资金闲置，其实是一种浪费。

二、反映支付能力的现金流量比率分析

现金支付能力是指企业获取现金以满足生产经营所需付现资金的能力。企业现金支付力强，表明企业适应经济环境变化和利用投资机会的能力越强。因此，对企业进行现金支付能力分析，通常又称为企业财务弹性分析。

（一）支付能力分析指标的计算与指标意义

反映企业现金支付能力的现金流量比率主要有：现金股利保障比和现金投资保障比等。支付能力的现金流量评价指标一览表见表4-10。

表 4-10 企业支付能力的现金流量评价指标一览表

指标名称	计算公式	指标意义
现金股利保障比	经营活动现金净流量÷现金股利	反映企业经营活动所产生的现金净流量对现金股利保障程度。现金股利保障比越大，说明企业支付现金股利的能力越强；反之，则说明支付现金股利能力越弱
现金投资保障比	经营活动现金净流量÷现金投资额 式中现金投资额=投资活动现金流出额+存货增加额	反映企业通过经营活动创造现金来适应经济环境变化和利用投资机会。现金投资保障比越大，表明企业现金投资的保障程度越高，财务弹性越好，适应经济环境变化和利用投资机会的能力越强

（二）反映支付能力的现金流量比率分析实例

例 4-7 根据表 4-3 A 公司的现金流量数据、2012～2014 年公司现金股利（4 272 万元、6 499 万元和 9 821 万元）和表 2-2 和表 2-3 相关数据，对反映 A 公司支付能力的现金比率进行计算分析，计算数据与计算结果见表 4-11。

表 4-11 反映支付能力的现金流量比率分析计算表

项　　目	2012 年	2013 年	2014 年	三年平均
经营活动现金净流量/万元	30 182	41 265	45 369	38 939
现金股利/万元	4 272	6 499	9 821	6 864
现金投资/万元	34 653	33 090	76 325	4. 80
现金股利保障比（倍）	7. 07	6. 35	4. 62	5. 67
现金投资保障比（倍）	0. 87	1. 25	0. 59	0. 81

从表 4-11 可以看出，A 公司三年中最低的 2014 年现金股利保障比也在 4. 6 倍以上，平均 4. 8 倍，非常高，支付所宣告发行的现金股利无任何问题。

从表 4-11 还可以看出，三年中 A 公司现金投资保障比波动比较大，但平均也在 0. 8 倍以上，说明公司现金投资保障程度较高，财务弹性较好。

三、反映获现能力的现金流量比率分析

获取现金能力是指企业营业收入或投入资源创造现金的能力，其大小通过经营活动现金净流量与营业收入或投入资源之间的比值来衡量。这里的投入资源可以是总资产、净资产、普通股股本等。

（一）获现能力分析指标的计算与指标意义

反映获取现金能力的现金流量比率主要有：每元销售现金净流入、每股经营现金净流量和全部资产现金回收率等。获现能力的现金流量评价指标一览表见表 4-12。

表 4-12 企业获现能力的现金流量评价指标一览表

指标名称	计算公式	指标意义
经营现金净流量对营业收入比率（每元营业收入现金净流量）	经营活动现金净流量 ÷ 营业收入 ×100%	反映企业通过营业获取现金的能力。比率越大，表明企业获取现金的能力越强
每股经营现金净流量	经营活动现金净流量 ÷ 股本	反映企业每股资本金获取现金净流量的获现能力。每股经营现金净流量越多，表明企业获取现金的能力越强
资产的经营现金流量回报率（全部资产现金回收率）	经营活动的现金净流量 ÷ 全部资产 ×100%	反映企业资产营运的获取现金能力。现金回收率越高，表明企业获取现金的能力越强

（二）反映获现能力的现金流量比率分析实例

例 4-8 根据表 4-3、表 3-1 和表 3-2 A 公司相关数据，对反映 A 公司获现能力的现金流量比率进行计算分析，计算数据与计算结果见表 4-13。

表 4-13 反映获现能力的现金流量比率分析计算表

项　　目	2012 年	2013 年	2014 年	三年平均
经营活动现金净流量/万元	30 182	41 265	45 369	38 939
营业收入/万元	150 762	198 497	240 205	196 488
股本/万元	42 720	43 265	65 431	50 472
总资产/万元	192 982	211 884	255 043	219 970
每元营业收入现金净流量/元	0. 20	0. 21	0. 19	0. 20
每股经营现金净流量/元	0. 71	0. 95	0. 69	0. 77
全部资产现金回收率（%）	17	19	18	18

从表 4-13 可以看出，三年中 A 公司每元营业收入现金净流量均在 0. 20 元左右，2012 年最高达 0. 21 元，表明公司创造现金的能力比较强。

从表 4-13 还可以看出，与每元营业收入现金净流量所反映出的情况一样，A 公司三年平均每股经营现金净流量高达到 0. 77 元、全部资产现金回收率达 0. 18%，且也是在 2012 年数值最高，2014 年接近平均值，再次表明该公司获取现金的能力强。

四、反映投资能力的现金流量比率分析

投资能力是指企业通过经营活动和筹资活动创造的现金净流量能够满足投资活动现金需要的能力。

（一）投资能力分析指标的计算与指标意义

反映企业投资能力的现金流量比率主要有投资活动融资比率和现金再投资比率等。投资能力的现金流量评价指标一览表见表 4-14。

表 4-14 企业投资能力的现金流量评价指标一览表

指标名称	计算公式	指标意义
投资活动融资比率	投资活动产生的现金净流量 ÷（经营活动产生的现金净流量 + 筹资活动产生的现金净流量）	反映企业全部投资活动资金来源水平。投资活动融资比率原则上应控制在 ǀ 0. 5 ~ 0. 8 ǀ 之间，如果大于 1，将严重影响企业的现金支付，给财务造成压力；但是比率太低，有可能是企业缺乏投资作为或开始萎缩。为增强企业发展后劲，企业应不断加强对外扩展及资本化支出，不断开辟资金来源渠道进行合理融资，增强经营活力，增加经营活动现金净流量，实现良性循环

（续）

指标名称	计算公式	指标意义
现金再投资比率	（经营活动产生的现金净流量－现金股利－利息）÷再投资额×100% 式中再投资额＝总资产－流动负债	反映进行再投资的能力。现金再投资比率达到8%～12%为理想水平；低于8%时，经营活动产生的现金净流量将满足不了投资活动对现金的需要，会给财务带来压力；高于12%时，意味着经营活动现金净流量过于充足，或者投资不足，还可能是投资机会太少，这些都不是企业所希望的

（二）反映投资能力的现金流量比率分析实例

1. 投资活动融资比率

例4-9 根据表4-3 A公司现金流量表数据，对反映A公司投资能力的现金流量比率进行计算分析，计算数据与计算结果见表4-15。

表4-15 投资活动融资比率计算表

项 目	2012年	2013年	2014年	三年平均
经营活动现金净流量/万元	30 182	41 265	45 369	38 939
投资活动现金净流量/万元	－32 939	－30 951	－38 029	－33 973
筹资活动现金净流量/万元	6 149	－1 118	－2 730	767
投资活动融资比率	－0.89	－0.77	－0.89	－0.86

从表4-15可以看出，A公司三年中投资活动融资比率绝对值均小于1，表明经营活动和筹资活动产生的现金净流量基本上能够满足投资活动对现金的需要，不会给公司带来融资压力，而且从表中我们还可以看出，A公司投资所需现金，基本上由经营活动产生的现金净流量就足够了。这也是该公司基本没有动用长期负债融资的主要原因。三年中，2013年该公司投资活动融资比率处于比较理想的状态，投资活动融资比率绝对值为0.77，而且全部是以经营活动现金净流量做保障，表明资本支出能力比较强，财务状况好。

2. 现金再投资比率

例4-10 根据表4-3 A公司现金流量表数据，并结合A公司2012～2014年三年资产、负债和利润形成与分配相关数据，对A公司现金再投资比率进行计算分析，计算数据与计算结果见表4-16。

表4-16 现金再投资比率计算表

项 目	2012年	2013年	2014年	三年平均
经营活动现金净流量/万元	30 182	41 265	45 369	38 939
现金股利和利息/万元	4 025	6 199	9 433	6 552
再投资额/万元	157 125	174 090	209 939	180 385
现金再投资比率（%）	16.65	20.14	17.12	17.95

从表4-16可以看出，三年中A公司再投资比率均在12%以上，三年平均值高达17.95%，表明A公司经营活动现金净流量过于充足，这与前面相关分析结果是一致的，说明公司现金过剩。基于这种状况，该公司应广泛寻求商机，加大对内对外投资力度，以充分发挥公司现有资金的作用。

五、反映收益质量的现金流量比率分析

收益质量是指企业收益的含金量，即收益中有多少已经取得现金，或收益中收到现金的比率有多大，收现比率越大收益质量越高。

（一）收益质量分析指标的计算与指标意义

评价收益质量的现金流量比率主要有现金营运指数和盈利现金保障率等。收益质量的现金流量评价指标一览表见表4-17。

表4-17 企业收益质量的现金流量评价指标一览表

指标名称	计算公式	指标意义
现金营运指数	经营活动现金净流量÷经营活动应得现金 式中经营活动应得现金=经营活动净收益+非付现费用；经营活动净收益=净收益-非经营收益	反映企业收益质量。现金营运指数保持在1左右，或在连续几个会计期间综合为1，则表明收益质量是好的
经营现金净流量与净利润比率（盈余现金保障倍数）	经营活动现金净流量÷净利润	反映企业当期实现净利润的现金保障程度。比率越大，表明净利润的质量越好；如果比率过小，则说明企业账面在获取利润的过程中经营活动的现金流入不足，甚至有操纵账面利润的可能

（二）反映投资能力的现金流量比率分析实例

1. 现金营运指数

例4-11 根据表4-3 A公司2014现金流量表补充资料，对A公司现金营运指数进行计算分析，计算数据见表4-18。

表4-18 A公司现金营运指数计算分析表

（单位：万元）

将净利润调节为经营活动的现金流量	金　额	分析说明
净利润	31 288	
加：计提的资产减值准备	1 328	没有支付现金的费用共18 941万元。如果少提取这类费用，能增加收益却不能增加现金流入，会使收益质量下降
固定资产折旧	11 428	
无形资产摊销	121	
长期待摊费用摊销	6 064	

（续）

将净利润调节为经营活动的现金流量	金 额	分析说明
处置固定资产损失	99	非经营净收益减少 2 297 万元。不代表正常的收益能力
财务费用	0	
投资收益	-1 662	
递延所得税资产减少	-729	
递延所得税负债增加	-4	
存货的减少（减：增加）	-2 510	经营资产净增加 10 195 万元，收益不变，现金减少，收益质量下降
经营性应收项目的减少	-7 685	
经营性应付项目的增加	6 505	负债增加 6 504 万元，收益不变，现金增加
其他	1 126	
经营活动产生的现金流量净额	45 369	

经营活动净收益 = 净收益 - 非经营收益

= 31 288 - 2 297 = 28 991（万元）

经营应得现金 = 经营活动净收益 + 非付现费用

= 28 991 + 18 941 = 47 932（万元）

营运指数 = 45 369 ÷ 47 932 = 0.94

从表 4-18 和以上计算结果可以看出，2014 年该公司在不考虑非经营收益（处置固定资产的损失属于投资活动，投资收益属于投资活动），并剔除谨慎性原则的非付现费用，实际经营应得现金应为 47 932 万元，与经营活动产生的现金净流量基本一致，即营运指数为 0.94 接近 1，表明公司收益质量比较高。

2. 盈余现金保障倍数

盈余现金保障倍数是指经营活动产生的现金净流量与当期净利润的比值。该指标反映了企业当期实现的净利润中有多少现金作保证，可以说明净利润的质量。

例 4-12 根据表 4-3A 公司现金流量表数据和 2012～2014 年 A 公司的利润表，对 A 公司盈余现金保障倍数进行计算分析，计算数据与计算结果见表 4-19。

表 4-19 A 公司 2012～2014 年盈余现金保障倍数计算分析表

项 目	2012 年	2013 年	2014 年	三年平均
经营活动现金净流量/万元	30 182	41 265	45 369	38 939
净利润/万元	18 207	21 932	31 288	23 772
盈余现金保障倍数	1.66	1.88	1.45	1.64

从表 4-19 可以看出，A 公司三年盈余现金保障倍数平均达 1.64 倍，意味着公司每获取 1 元净利润就有近 1.64 元的现金作保障，表明该公司收益质量好。从表中还可以看出，三年中 2013 年最高，2014 年最低，与前述该公司经营水平、盈利能力和现金流量质量均反映 2013 年最好是一致。但 2014 年下降比较明显，应引起管理当局的注意。

需要注意的是，在运用现金营运指数和盈余现金保障倍数指标对企业收益质量进行分析时，不能仅仅以某一期间指标数据作为评价企业收益质量的依据，一般需用连续几期的数据进行比较，还可与企业的平均值或行业平均值进行比较，以便客观地判断企业收益的质量。

同步实训二

企业现金流量比率分析

实训目标与能力要求

本实训目标是培养学生对企业现金流量比率进行分析的能力。其能力要求是：

（1）掌握企业现金流量比率分析指标的计算。

（2）能够灵活运用企业现金流量比率分析方法对案例进行分析操作。

实训方式与内容

在第一章同步实训分行业、分小组和取得的各自公司基础资料和数据资料的基础上，计算和分析各项现金流量比率，撰写专题分析报告（文档格式要求同前），参加讨论与讲评。

实训步骤

（1）根据各自公司近三年现金流量表、资产负债表和利润表，编制公司现金流量比率计算分析表，将公司近三年现金流量比率各项指标计算结果填入表中。

（2）查找同行业各项现金流量比率平均值，填入计算分析表中。

（3）根据公司现金流量比率计算分析表和公司现金流量表，对公司现金流量比率进行分析评价，分析时同组同学应在一起进行交流、讨论，形成各自分析评价结论，并按要求形成分析报告。

（4）实训小组组长将小组成员的实训成果（分析报告）打包上传，由指导老师组织互评。

（5）指导老师根据学生实训成果的质量和互评结果确定实训成绩。

实训考核

根据学生选择计算分析方法的正确性、指标计算结果的准确性、分析报告写作和参与讨论情况进行评分。

本章小结

现金流量是评价企业财务状况和效绩的一个重要标准。本章以现金流量表为依据，重点阐述现金流量分析的内容和方法。

现金、现金等价物和现金流量是必须掌握的一些基本概念。

了解现金流量表的结构是对现金流量进行分析的前提。

现金流量趋势分析，使报表使用者、投资者可以了解企业财务状况的变动过程及其变动原因并在此基础上预测企业未来的财务状况，为决策提供依据。

现金流量结构分析在于帮助报表使用者、投资者了解和掌握企业现金流量的主要来源和现金流量的主要去向，进一步分析企业财务状况的形成过程、变动过程及其变动原因。

现金流量财务比率分析将现金流量表不同性质项目以及与现金流量相关联的资产负债表、利润表和利润分配表项目有机地结合起来进行计算分析，从现金流量角度揭示企业的财务状况和经营质量。

课后复习与练习

一、复习思考题

1. 为什么要对企业现金流量质量进行分析？
2. 什么是现金流量结构分析？如何进行分析？
3. 反映企业现金流量偿债能力的分析指标有哪些？如何利用这些指标进行现金流量的偿债能力的分析？
4. 反映企业现金流量支付能力的分析指标有哪些？如何利用这些指标进行现金流量的支付能力分析？
5. 反映企业获取现金能力的分析指标有哪些？如何利用这些指标对企业获取现金的能力进行分析？
6. 净利润为何不等于经营活动现金净流量？有哪些因素的存在使以上二者不相等？

二、习　题

（一）填空题

1. 现金流量质量是指企业的________能够按照企业的预期目标进行运行的质量。
2. 现金流动负债比率是指年度________的现金净流量与________的比值。
3. 债务保障率是指年度________的现金净流量与________的比率。
4. 到期债务本息保障率是指企业________的现金净流量与________的比率。
5. 现金股利保障比是指企业________的现金净流量与________的比率，是反映经营活动所产生的现金净流量对现金股利保障程度的支付能力指标。
6. 现金投资保障比是指企业________的现金净流量与________的现金和存货增加额的比值，是反映企业通过经营活动创造现金来适应经济环境变化和利用投资机会的支付能力指标。
7. 每元营业收入现金净流量是指经营活动现金净流量与________的比值，它是反映企业通过营业获取经营现金净流量的获现能力指标。
8. 每股经营现金净流量是经营活动现金净流量与________的比值，是反映公司每股资本金获取现金净流量的获现能力指标。
9. 全部资产现金回收率是________与全部资产的比率，是反映企业资产营运的获现能力指标。
10. 投资活动融资比率是企业投资活动现金净流量与________和________现金净流量的比率，是衡量企业全部投资活动资金来源水平的指标。
11. 现金再投资比率是指经营活动产生的现金净流量扣除________后与________的比率，它反映企业进行再投资的能力。
12. 现金营运指数是指________的现金净流量与________的比率，是反映企业收益质量的指标。

（二）单项选择题

1. 对现金流量表进行分析的最根本目的是（　　）。

A. 了解企业的现金净流量　　B. 了解经营活动现金流量
C. 预测企业未来现金流量　　D. 了解投资活动现金流量

2. 观察企业现金流量状况是否良好的关键是看（　　）。
   A. 筹资活动产生的现金净流量　　B. 经营活动产生的现金流量
   C. 现金净流量的大小　　D. 投资活动产生的现金流量
3. 以下体现企业收益质量好坏的指标是（　　）。
   A. 现金净流量的大小　　B. 现金营运指数
   C. 现金充足性比率　　D. 每股经营现金流量
4. 下面说法正确的是（　　）。
   A. 经营活动现金流入量占现金总流入量的比重越大越好
   B. 筹资活动产生的现金净流量越大越好
   C. 投资活动产生的现金净流量越大越好
   D. 企业的现金净流量必须与净利润相等
5. 在企业处于发展阶段，投资活动现金流量往往是（　　）。
   A. 流入量大于流出量　　B. 流出量大于流入量
   C. 流入量等于流出量　　D. 不一定
6. 企业采用间接法确定经营活动现金流量时，对投资收益或投资损失应在净利润的基础上（　　）。
   A. 减投资收益　　B. 加投资损失　　C. 加投资收益　　D. A和B都选
7. 分配股利所支付的现金属于（　　）。
   A. 经营活动现金净流量增加　　B. 经营活动现金流出量增加
   C. 筹资活动现金净流量减少　　D. 投资活动现金流出量增加
8. 投资活动融资比率，原则上应为（　　）。
   A. 大于1　　B. 绝对值在0.5至0.8之间
   C. 小于1　　D. 绝对值在0.2至0.5之间
9. 下面说法正确的是（　　）。
   A. 经营活动现金流入量与净利润额相一致最好
   B. 投资活动产生的现金净流量为负，表明投资损失
   C. 筹资活动产生的现金净流量为负是好现象
   D. 企业一定时期的现金净流量必然与净利润相等
10. 现金再投资比率，一般认为达到（　　）就是理想水平。
   A. 15%以上　　B. 8%至12%之间
   C. 20%以上　　D. 15%至25%之间
11. （　　）产生的现金流量最能反映企业获取现金的能力。
   A. 经营活动　　B. 投资活动　　C. 筹资活动　　D. 以上各项均是
12. 当企业现金营运指数（　　）时，表明企业经营收益全部实现现金流入。
   A. 大于1　　B. 小于1　　C. 等于1　　D. 接近1

（三）多项选择题

1. 下列表述中，正确的有（　　）。
   A. 经营活动的现金流量净额为正时说明盈利质量高
   B. 营业利润率提高，每股收益一定提高
   C. 现金再投资比率较前几期有明显提高，有可能是企业开始萎缩
   D. 市场上的利润率总是趋于平均的

2. 现金流量分析使用的主要方法有（　　）。
A. 比率分析　B. 同行业比较分析　C. 结构分析　D. 趋势分析
3. 通过现金流量分析，可以评价企业的（　　）。
A. 支付能力　B. 偿债能力　C. 投资能力
D. 获取现金的能力　E. 经营质量
4. 以下关于企业现金流量质量的表述正确的有（　　）。
A. 企业现金流量净增加额越大越好
B. 经营活动产生的现金流量净额越大越好
C. 经营活动产生的现金流量净额与净利润相匹配
D. 投资活动产生的现金流量净额越大越好
E. 筹资活动产生的现金流量净额越大越好
5. 以下关于企业现金流量结构状况表述正确的有（　　）。
A. 投资活动产生的现金净流量所占比重越大越好
B. 经营活动产生的现金净流量所占比重越大越好
C. 筹资活动产生的现金净流量所占比重越小越好
D. 在企业兴办初期筹资活动产生的现金净流量往往大于经营活动产生的现金净流量
E. 筹资活动产生的现金流量与投资活动产生的现金流量相匹配
6. 企业现金流量质量良好的标志体现在（　　）两个方面。
A. 现金流量状态与企业发展战略相呼应
B. 效益性
C. 经营活动现金净流量与经营利润相对应
D. 相关性
7. 以下关于企业现金流量状况表述正确的有（　　）。
A. 经营活动现金流入大于流出好
B. 在任何情况下投资活动现金流入大于流出好
C. 在任何情况下筹资活动现金流入大于流出好
D. 在任何情况下筹资活动现金流入小于流出好
E. 筹资活动现金流入流出比与投资活动现金流入流出比相协调为好
8. 企业现金流量分析中有关偿债能力的指标有（　　）。
A. 现金比率　B. 现金流动负债比率
C. 债务保障率　D. 到期债务本息保障率
9. 下面反映现金流量支付能力的指标是（　　）。
A. 现金股利保障比　B. 现金投资保障比
C. 现金债务比率　D. 现金比率
E. 到期债务本息保障比率
10. 在分析企业获取现金能力时，可以选用的指标主要有（　　）。
A. 现金投资保障比　B. 全部资产现金回收率
C. 每元营业收入现金净流量　D. 每股经营现金流量
E. 现金股利保障比

（四）判断题

（　　）1. 固定资产折旧不影响当期现金流量的变动。

（　　）2. 企业分配股利必然引起现金流出量的增加。

（　　）3. 利息支出将对筹资活动现金流量和经营活动现金流量产生影响。

（　　）4. 现金流量表既反映企业财务状况，又反映企业盈利质量。

（　　）5. 如果企业经营活动现金流入流出和其净流量保持同步增长，其发展趋势不好。

（　　）6. 在企业三项活动现金净流量中，如果经营活动现金净流量的增长远远高于筹资活动现金净流量的增长，表明企业进入了经营成熟期。

（　　）7. 在企业三项活动现金净流量中，投资活动的现金净流量如果也为正数，表明企业生产经营进入了最佳状态。

（　　）8. 在企业现金流量结构中，最理想的状态是经营活动现金流量为正，投资活动现金净流量为负，筹资活动现金流入流出持平，并且全部现金净流量为正。

（　　）9. 在企业生产经营成长期，筹资活动现金流入往往大于流出，而投资活动现金流出肯定大于流入。

（五）计算分析题

1. 根据表 4-20、表 4-21 所示现金流量表，对 D 公司的现金流量质量进行评价。

表 4-20　现金流量表

会企 03 表

编制单位：D 公司　　2015 年 12 月　　（单位：元）

项　　目	行　　次	金　　额
一、经营活动产生的现金流量：		
销售商品、提供劳务收到的现金	1	10 453 000
收到的税费返还	3	0
收到的其他与经营活动有关的现金	8	0
经营活动现金流入小计	9	10 453 000
购买商品、接受劳务支付的现金	10	7 378 200
支付给职工以及为职工支付的现金	12	710 000
支付的各种税费	13	1 303 068
支付的其他与经营活动有关的现金	18	367 660
经营活动现金流出小计	20	9 758 928
经营活动产生的现金流量净额	21	694 072
二、投资活动产生的现金流量：		
收回投资所收到的现金	22	0
取得投资收益所收到的现金	23	500 000
处置固定资产、无形资产和其他长期资产收回的现金净额	25	0
收到的其他与投资活动有关的现金	28	0
投资活动现金流入小计	29	500 000

（续）

项　目	行　次	金　额
购建固定资产、无形资产和其他资产支付的现金	30	640 000
投资支付的现金	31	400 000
支付的其他与投资活动有关的现金	35	0
投资活动现金流出小计	36	1 040 000
投资活动产生的现金流量净额	37	－540 000
三、筹资活动产生的现金流量：		
吸收投资收到的现金	38	0
取得借款收到的现金	40	300 000
收到的其他与筹资活动有关的现金	43	0
筹资活动现金流入小计	44	300 000
偿还债务支付的现金	45	0
分配股利、利润和偿付利息支付的现金	46	200 000
支付的其他与筹资活动有关的现金	52	0
筹资活动现金流出小计	53	200 000
筹资活动产生的现金流量净额	54	100 000
四、汇率变动对现金的影响额	55	0
五、现金及现金等价物净增加额		254 072
加：期初现金及现金等价物余额		232 000
六、期末现金及现金等价物余额	56	486 072

表 4-21　现金流量表补充资料

编制单位：D 公司　　　　2015 年 12 月　　　　（单位：元）

补充资料	行　次	金　额
1. 将净利润调节为经营活动的现金流量：		
净利润	57	1 406 000
加：计提的资产减值准备	58	22 340
固定资产折旧	59	200 000
无形资产摊销	60	0
长期待摊费用摊销	61	0
处置固定资产、无形资产和其他长期资产的损失（收益以“－”号填列）	66	0
固定资产报废损失（收益以“－”号填列）	67	0
财务费用	68	214 000
投资损失（收益以“－”号填列）	69	－500 000
递延税款资产减少（增加以“－”号填列）	70	0

（续）

补充资料	行　次	金　额
递延税款负债增加（减少以“－”号填列）		0
存货的减少（增加以“－”号填列）	71	－290 000
经营性应收项目的减少（增加以“－”号填列）	72	－522 000
经营性应付项目的增加（减少以“－”号填列）	73	197 732
其他	74	－34 000
经营活动产生的现金流量净额	75	694 072
2. 不涉及现金收支的投资和筹资活动：		
债务转为资本	76	0
一年内到期的可转换公司债券	77	0
融资租入固定资产	78	0
3. 现金及现金等价物净增加情况：		
现金的期末余额	79	486 072
减：现金的期初余额	80	232 000
加：现金等价物的期末余额	81	0
减：现金等价物的期初余额	82	0
现金及现金等价物净增加额	83	254 072

2. 根据资料分析D公司与现金流量有关的偿债能力、支付能力、获现能力和收益质量。

资料：

（1）资产负债表见表2-9。

（2）利润表见表3-13。

（3）现金流量表见表4-20。

（4）现金流量表补充资料见表4-21。

要求：

（1）计算表4-22中有关财务指标。

表4-22　有关财务指标

财务指标	D公司2015年	行业平均水平	与行业比超（降）
现金流动负债比率（%）		11	
债务保障率（%）		48	
到期债务本息保障比率		2	
现金股利保障比		3	
现金投资保障比		1.5	
每元营业收入现金净流量		0.22	
每股经营现金流量		1.8	
全部资产现金回收率（%）		0.25	
现金再投资比率（%）		8	
投资活动融资比		1	

（2）分析评价D公司与现金流量有关的偿债能力、支付能力、获现能力和收益质量。

第五章　所有者权益变动与利润分配分析

通过本章的学习，熟悉所有者权益变动表和利润分配表分析的内容及其主要分析指标，明确各指标分析评价的具体意义，掌握各指标的计算与分析评价方法，为进行报表综合分析奠定基础。

能够结合具体所有者权益变动表和利润分配表，通过相关指标的计算与分析，对企业资本保值增值与股东财富增长水平、权益结构变动与利润分配的合理性做出评价。

教学引导

通过资产负债表与利润表所提供的数据，我们能够对企业的资本资产结构、偿债能力、盈利能力、营运能力和发展能力进行分析评价，这是会计报表分析中不可或缺的。但是，在资产负债表中无法对投资者特别是潜在投资者所关注的股东权益的增减变动过程进行揭示；而在利润表中只揭示了净利润的形成，对净利润的去向及其分配过程没有反映出来，这些信息都有待于通过所有者权益变动表和利润分配表的分析来完成。

所有者权益变动表和利润分配表究竟能够提供哪些信息，如何处理和利用这些信息，则是本章所述的主要内容。

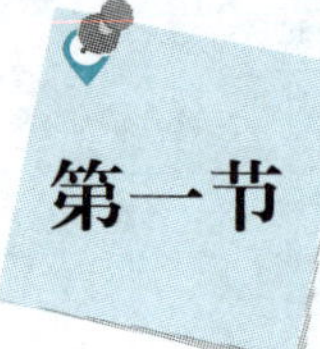

第一节　所有者权益变动表分析

一、所有者权益变动表的信息内容

所有者权益变动表是反映企业年度内所有者权益（或股东权益）各组成部分增减变动情况的报表（曾是资产负债表的附表）。它不仅反映了所有者权益总量的增减变动，而且揭示了所有者权益增减变动的结构性信息，有利于报表使用者了解所有者权益增减变动的根源。所有者权益变动表主要提供了以下五个方面的信息：

（1）企业净利润。

（2）所有者投入和减少资本。

（3）利润分配。

（4）所有者权益内部结转。

（5）所有者权益各组成项目年初年末余额。

表5-1是A公司2014年度所有者权益变动表，可以了解其权益变动情况。

表5-1　A公司2014年度所有者权益变动表

会企04表

编制单位：A公司　　2014年度　　（单位：万元）

项　　目	本年金额					上年金额				
	实收资本	资本公积	盈余公积	未分配利润	所有者权益合计	实收资本	资本公积	盈余公积	未分配利润	所有者权益合计
一、上年年末余额	43 265	53 191	7 873	62 274	173 879	42 720	55 113	5 625	46 551	156 889
二、本年年初余额	43 265	53 191	7 873	62 274	173 879	42 720	55 113	5 625	46 551	156 889
三、本年增减变动金额	22 166	10739	3 143	21 277	35 859	545	－1 922	2 248	15 723	16 990
（一）综合收益总额				31 288	31 288				21 932	21 932
（二）所有者投入和减少资本	503	13 889			14 392	545	1 012			1 557
（三）本年利润分配			3 129	－12 950				2 193	－8 692	

（续）

项　　目	本年金额					上年金额				
	实收资本	资本公积	盈余公积	未分配利润	所有者权益合计	实收资本	资本公积	盈余公积	未分配利润	所有者权益合计
1. 提取盈余公积			3 129	−3 129	3 129			2 193	−2 193	2 193
2. 对所有者的分配				−9 821	−9 821				−6 499	−6 499
（四）所有者权益内部结转	21 663	−24 628	−986	2 939			−2 934	55	2 483	
四、本年年末余额	65 431	42 452	11 016	83 551	209 738	43265	53 191	7 873	62 274	173 879

二、所有者权益变动表分析的内容及指标

（一）资本保值增值水平和所有者财富增长能力分析

投资者对企业投入资本的目的，是通过企业的资本增值实现自身财富的最大化，而这个目标的实现程度，主要是借助于资本保值增值率和所有者财富增长率指标来判断。所有者权益变动表分析的指标主要有资本保值增值率、所有者财富增长率、利润分配率和留存收益比率等。

1. 资本保值增值率

资本保值增值率是指企业期末所有者权益与期初所有者权益的比率，反映企业在一定会计期间资本保值增值水平的评价指标，是考核、评价企业经营效绩的重要依据。其计算公式为

资本保值增值率=期末所有者权益 ÷ 期初所有者权益 ×100%

在一般情况下，该指标比率越高，表明经营者的业绩越好；经营者业绩越好，给所有者带来的财富就越多。

值得注意的是，使用资本保值增值率指标评价企业经营业绩时应考虑和调整的因素包括：所有者追加或缩减资本、资本溢价、接受捐赠、货币资本折算差额、会计政策变更、自然灾害损失、已分利润或股利等。这些需要考虑和调整的因素，其数据在所有者权益变动表都有反映。当用资本保值增值率指标来评价企业经营者的经营业绩时，国有企业可以按照国务院国有资产监督管理委员会颁布的《中央企业综合绩效评价实施细则》（国资发评价［2006］157号）中的相关规定进行操作，其他企业也可比照此规定进行操作。

2. 所有者财富增长率

所有者（股东）财富增长率是指在实收资本（或股本）一定的情况下，附加资本的增长水平。其计算公式为

所有者财富增长率=(期末每元实收资本净资产 − 期初每元实收资本净资产)
÷ 期初每元实收资本净资产 ×100%

所有者财富增长率是投资者或潜在投资者最为关心的指标，与每股收益一样，该指标集中体现了所有者的投资效益，也可作为对经营者的考核指标。

值得注意的是，股东财富增长率与资本保值增值率并不完全正相关，因为股东财富的增长直接受利润分配水平的影响，账面股东财富与股东的实际财富往往是不一致的。对于上市公司

而言，股东财富是分红所得与股票市值之和。

例5-1 根据表5-1 A公司2014年所有者权益变动表的数据，对A公司资本保值增值率和所有者财富增长率进行计算分析，计算数据见表5-2。

表5-2 A公司资本保值增值率和所有者财富增长率分析计算表

项　目	2013年		2014年	
	期初数	期末数	期初数	期末数
股东权益/万元	156 889	173 879	173 879	209 738
股本/万元	42 720	43 265	43 265	65 431
每股净资产/元	3.67	4.02	4.02	3.21
资产保值增值率（%）	110.83		120.62	
股东财富增长率（%）	9.54		-20.15	

从表5-2可以看出，A公司2014年的资产保值增值率比2013年高出近10个百分点，表明公司经营业绩在不断提高，与前述利润表中盈利能力分析的情况是一致的。

从表5-2还可以看出，A公司2013年的股东财富增长率为9.54%，2014年为负的20.15%，而资产保值增值率在不断提高，但并不等于股东财富的增长率也会提高。虽然两年中每股股利都相同，但由于2014年公司扩股幅度较大，相对于2013年股权被稀释，因而每股净资产不仅没有增加，反而下降幅度较大。因此，采取不同的分配政策会直接影响公司股东的财富变动，同样其他权益变动也会影响公司股东的财富变动。该公司2014年之所以会出现每股净资产大幅下降，主要是公司考虑连续几年营业收入和利润都保持了高增长，国家对创业板企业又支持有加，在这样的背景下增资扩股是公司必然的选择。

（二）权益变动结构分析

从表5-1中我们可以看到，所有者权益的结构是比较复杂的，而其变化原因就更加复杂。之所以要求企业编制所有者权益变动表，目的就是让投资者了解企业所有者权益是如何变动的，变动结构是否体现了企业的生产经营实际，是否符合企业的生产经营战略。关注企业所有者权益变动结构，对评估企业的发展前景及所有者财富增减变化的趋势是十分有意义的。下面假设有三家企业的所有者权益期初总额和结构是相同的，本期权益变动总额也相同，但变动结构不同，相关分析见表5-3。

表5-3 所有者权益变动结构分析表

项　目	E企业	F企业	G企业
所有者权益期初数/万元	1 000	1 000	1 000
所有者权益期末数/万元	1 500	1 500	1 500
本期所有者权益增加/万元	500	500	500
其中：实收资本增加/万元	500	200	
资本公积增加/万元		50	
盈余公积增加/万元		50	450
未分配利润增加/万元		200	50

从表5-3可以看出，三家企业权益变动结构是不一样的：

（1）E 企业所有者权益增加中，100% 是由所有者追加投资形成的。资本公积、盈余公积和未分配利润本期维持不变，意味着企业当期无盈利也无资本溢价发生。所有者增加投资不代表资本增值和所有者财富的增加，其投资的持续性取决于所有者对企业未来盈利的预期。在表中的三种变动结构中，这种结构是最不理想的结构。

（2）F 企业所有者权益增加中，50% 是追加投资和资本公积增加形成的，另外 50% 则是通过留存收益形成的。表明企业有盈利，投资者对企业有一定信心，相对于 E 企业，F 企业资本得到了增值，所有者财富得到了增加，因此其权益变动结构要好于 E 企业。但是，F 企业留存收益中盈余公积只占 1/5，其余为未分配利润，一方面表明企业当期的盈利并不多，另一方面也表明其权益结构存在较大不稳定性。

（3）G 企业所有者权益增加中，100% 是通过留存收益形成的，而且盈余公积占 90%，这意味着企业在当期盈利丰厚，通过留存收益增加所有者权益就是增加所有者财富。同时，由于盈余公积变动在一般情况下是较具稳定性和可持续性的，因此，这是表中三种结构中最为理想的结构。

例 5-2 根据表 5-1 A 公司 2014 年所有者权益变动表数据，对 A 公司股东权益变动结构进行分析。

从表 5-1 可以看出，A 公司 2014 年股东权益增加 35 859 万元，由两部分构成，一部分是当年利润留存 24 446 万元，另一部分是所有者投入资本增加 11 413 万元。而在 2013 年中，A 公司股东权益增加了 16 990 万元，虽然也是由两部分构成，但增加的基础是利润留存 18 367 万元，而另一部分是所有者投入资本减少了 1 377 万元。对于 A 公司两年股东权益的这种变动结构，其合理性可以做如下分析：

（1）2013 年 A 公司股东权益增加的 16 990 万元中，全部是由收益留存形成的，其中盈余公积增加 2 248 万元，未分配利润增加 15 723 万元，股本虽然增加了 545 万元，但资本公积却减少了 1 922 万元。这意味着企业在当期收益比较丰厚，通过收益增加股东权益就是增加股东财富，这种权益变动结构是比较理想的结构。

（2）2014 年 A 公司股东权益增加的 35 859 万元中，52% 是所有者投入形成的，另外 48% 则是当年的收益留存。公司将当年大部分收益留存下来，表明公司下一步有进行经营扩张的打算，而且考虑到公司连续多年盈利，对潜在投资者必定有吸引力，在 2015 年可能还会比照 2014 年增资扩股的做法，通过资本市场以发行股票的方式筹措一部分发展资金，显然这种股东权益变动结构是符合公司发展战略的，是完全合理的。只是与 2013 年股东权益变动结构相比，在稳定性和持续性方面要差一些，但更具灵活性，是上市公司普遍的作法。

第二节 利润分配表分析

一、利润分配表的信息内容

利润分配表是反映企业一定会计期间对实现净利润以及以前年度未分配利润的分配或亏损弥补的报表。利润分配表是利润表的附表（见表 5-4），用以说明利润表上反映的净利润分配去向。利润分配表主要反映以下信息：

（1）企业实现净利润的分配情况或亏损的弥补情况。

（2）企业利润分配的构成。

（3）年末未分配利润的数额。

通过利润分配表不仅可以了解以上基本信息，还可以对企业的分配政策、生产经营战略方向进行分析把握。

二、利润分配表的分析内容

利润分配表提供了企业利润分配的情况和年末未分配利润结余情况的信息。企业的利润分配有法定的程序，公司制企业的利润分配是由《公司法》规定的，其他企业的利润分配是由财政部颁发的财务制度规定的。利润分配表的分析包括以下内容：

（1）企业的利润分配是否按规定比例计提。

对企业实现的净利润进行分配，事先都有明确的分配比例，所以应注重分析：

1）企业在利润分配时是否按照国家规定的分配程序进行分配。

2）企业是否按国家规定的比例提取法定盈余公积。

3）企业是否按董事会决议的比例计提任意盈余公积金。

（2）分析企业当前的经营状况、财务状况和未来的发展走向。

企业的利润分配政策应与企业的生产经营战略相适应，应具有稳定性和连续性。因此，企业利润分配政策的选择，是企业的管理当局对企业现有经营业绩、财务状况及其未来前景所释放出的一种综合信号。如企业支付现金股利的增加，意味着企业当前以及未来盈利有增长的潜力，在一定程度上表明了企业的管理当局对财务状况前景的乐观态度；反之则相反。

（3）分析企业利润分配政策的合理性。

公司制企业提取任意盈余公积的比例和留存未分配利润数额的多少是企业的利润分配政策，需经股东大会或类似权力机构批准。通过利润分配政策不仅可以了解企业当前面临的经营状况、理财策略和管理当局的经营意图，同时也可以了解企业生产和消费关系的政策走向，从而评价企业利润分配政策的合理性。

三、利润分配表的分析指标及评价

通过利润分配表可以直接观察企业的利润分配水平、积累水平和分配结构情况，进而对企业利润分配策略和未来发展前景做出评价。利润分配表的分析指标及评价主要有以下两个方面：

1. 利润分配率的计算与分析

企业决定利润分配形式和水平时，受到多种因素的影响，如国家政策的规定、企业的承受能力、企业的发展战略以及投资者的收益期望等，一般企业对投资者的利润分配水平可以用利润分配率来衡量，其计算公式为

$$\text{利润分配率}=\text{投资者分配的利润}\div\text{净利润}\times 100\%$$

投资者分配的利润包括应付普通股股利、应付优先股股利和转作资本或股本的普通股股利等。这个指标可能会大于100%，主要有两种情况：一是亏损时用以前年度的利润结余来分配利润；二是在盈利较少时分配了更多的利润，这个更多的利润是由企业以前年度累积的未分配利润并入到可供分配利润中的。

企业的利润率不一定稳定，但向投资者分配的利润水平保持稳定则是相当重要的。在大多数具有影响力的现代企业中，只有在利润率提高一段时间并表现稳定以后，才相应提高股利的分配水平；提高股利分配水平以后，即使企业利润率下降，也不急于降低股利分配水平，而是

先做出阻止利润率下降的努力；如果这种努力不能奏效，利润率的下降无法改变时，再降低股利分配水平。稳定的股利支付率往往是登记上市股票的要求之一。

在第三章有关上市公司盈利能力分析中，我们将每股股利作为公司盈利能力的一个评价指标。每股股利究竟应该是多少，或者与前期比如何变化较为合理，则要视公司的具体情况以及所采用的利润分配政策来定。在股利的分配上，通常有以下四种分配策略：

（1）固定股利，就是在任何情况下公司均保持每股股利支付额的固定，从而避免出现削弱股利发放额的情况，以消除投资者或股东对股利不确定性的担忧。在公司利润率不断上升的情况下，采用这一分配策略的结果将使公司的股利支付率呈下降趋势。

（2）固定股利支付率，就是公司发放给股东的股利是以一个固定的付息比率从公司的净利润中支付的。从公司盈利能力的角度看，采取这一策略保证了公司股利支付与盈利状况之间的稳定性。

（3）固定股利增长率，就是每年的股利支付额都按一定的比例逐年上升，一般是在通货膨胀或公司对利润的稳定增长有把握的情况下使用。采用这一分配策略，股利支付率的变化态势取决于公司利润的变化状况，在公司利润增长率与股利额的增长保持一致时，股利支付率实际上也是一个稳定的数值。

（4）固定股利加额外股利，就是公司每年按固定数额向股东支付正常的股利，在公司盈利有较大幅度增长时，则在固定股利以外向股东加付额外的股利，一旦利润降低，便取消额外股利。采用这一分配策略，股利支付率的变化趋势也取决于额外股利与公司盈利增长的关系。

企业应根据自身的实际情况，选择适当的利润分配策略；而选择了什么样的股利分配策略，大致可以通过阅读利润分配表得到。

2. 留存收益率的计算与分析

企业要在日益激烈的市场竞争中持续保持自身的生存空间和竞争优势，就必须不断地进行积累和发展，以壮大自身的规模和竞争实力。按照经济学的常识，资本积累不同于资本积聚。资本积聚可以通过上市、并购等方式来实现，但资本积累的源泉主要是利润留存。因此，利润留存水平的高低，将决定企业资本积累的规模和企业未来的发展后劲。

评价企业资本积累水平，就是看企业利润中有多大的比例用于扩大再生产，通常用留存收益率指标来反映，其计算公式为

$$留存收益率=留存收益 \div 净利润 \times 100\%$$

我们知道，留存收益包括已指定用途的留存收益和未指定用途的留存收益两部分。公司法规定，企业的法定盈余公积按企业税后利润的 10% 计算提取，任意盈余公积金的提取比例由企业根据自己的盈利情况、对投资者的利润分配要求以及企业今后的发展需要来确定。一般情况下，留存收益率越高，反映企业的积累水平、积累能力及发展后劲也越强；留存收益是企业未来持续发展的重要基础，留存收益率是投资者和潜在投资者最为关心的财务指标之一。

例 5-3 根据表 5-4 A 公司 2012～2014 年利润分配表的数据，对 A 公司利润分配进行计算分析，计算数据见表 5-5。

表 5-4 2012～2014 年 A 公司利润分配表

（单位：万元）

项　　目	2012 年	2013 年	2014 年
一、净利润	18 207	21 932	31 288
加：年初未分配利润	36 515	46 551	62 274
盈余公积转入		2 483	2 939

（续）

项　目	2012年	2013年	2014年
减：职工奖励及福利基金			
二、可供分配的利润	54 722	70 966	96 501
减：提取法定盈余公积	1 821	2 193	3 129
提取法定公益金			
转入盈余公积			
三、可供股东分配的利润	52 901	68 773	93 372
减：已分配优先股股利			
提取任意盈余公积	2 078		
已分配普通股股利	4 272	6 499	9 821
转作股本的普通股股利			
四、未分配利润	46 551	62 274	83 551

表5-5　A公司利润分配和积累水平分析计算表

项　目	2012年	2013年	2014年
净利润/万元	18 207	21 932	31 288
投资者分配的利润/万元	4 272	6 499	9 821
留存收益/万元	1 3935	1 5433	21 467
利润分配率（%）	23. 46	29. 63	31. 39
留存收益率（%）	76. 54	70. 37	68. 61

从表5-5可以看到，A公司三年中利润分配率逐年提高，表明在收益不断增加的情况下，提高投资者利润分配率，有助于坚定股东对公司经营的信心，也有助于吸引潜在投资者对公司的关注，为公司以后增资扩张打基础。关于这一点，在前面所有者权益变动分析中也有所体现。

从表5-5还可以看出，随着投资者利润分配率逐年提高，对应的留存收益率则逐年下降，这也是前面分析中谈到的为什么每股净资产逐年下降的原因之一。

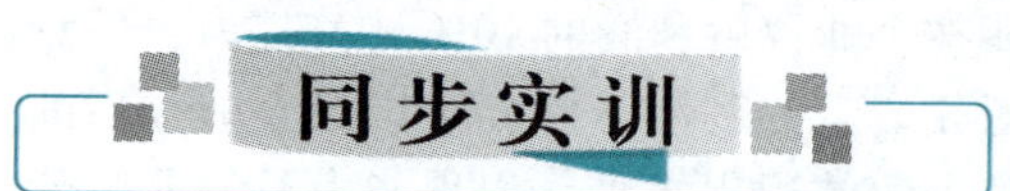

企业所有者权益变动结构与利润分配策略分析

实训目标与能力要求

本实训目标是培养学生对企业权益变动和利润分配策略进行分析的能力。其技能要求是：

（1）掌握股东财富增长率、利润分配率和留存收益率的计算。

（2）能够结合股东权益变动及股东财富增长变动对企业利润分配策略进行分析。

实训方式与内容

在第一章同步实训分行业、分小组和取得的各自公司基础资料和数据资料的基础上，计算和分析公司股东财富增长率、利润分配率和留存收益率，撰写专题分析报告（文档格式要求同前），参加讨论与讲评。

实训步骤

（1）根据各自公司近三年所有者权益变动表和利润分配表，编制公司股东财富增长率、利润分配率和留存收益率计算分析表，将公司各项指标计算结果填入表中。

（2）查找同行业股东财富增长率、利润分配率和留存收益率平均值，填入计算分析表中。

（3）根据计算分析表和公司所有者权益变动表、利润分配表，对公司财富增长率、利润分配率和留存收益率进行分析评价；分析时同组同学应在一起进行交流、讨论，形成各自分析评价结论，并按要求形成分析报告。

（4）实训小组组长将小组成员的实训成果（分析报告）打包上传，由指导老师组织互评。

（5）指导老师根据学生实训成果的质量和互评结果确定实训成绩。

实训考核

根据学生选择计算分析方法的正确性、指标计算结果的准确性、分析报告写作和参与讨论情况进行评分。

本章小结

所有者权益变动表是反映企业年度内所有者权益（或股东权益）各组成部分增减变动情况的报表。利润分配表是反映企业一定会计期间对实现净利润以及以前年度未分配利润的分配或亏损弥补的报表，是利润表的附表。本章主要以所有者权益变动表和利润分配表为依据，同时结合资产负债表和利润表的相关分析结果，重点阐述企业资本保值增值、股东财富增长、股东权益变动结构、利润分配水平与分配策略、留存收益水平与未来发展等内容的分析指标和分析方法。

关注企业所有者权益变动结构，是全面准确进行资本保值增值、股东财富增长分析的基础，也是评估企业发展前景的重要依据。

资本保值增值率是反映企业在一定会计期间资本保值增值水平的评价指标，是考核、评价企业经营效绩的重要依据。

所有者财富增长率是投资者或潜在投资者最为关心的指标，与每股收益一样，该指标集中体现了所有者的投资效益，也可作为对经营者的考核指标。

利润分配水平与企业的经营业绩、财务状况和经营战略密切相关，企业的利润率不一定稳定，但向投资者分配的利润水平保持稳定则是相当重要的。

企业要在日益激烈的市场竞争中持续保持自身的生存空间和竞争优势，就必须不断地进行积累和发展，以壮大自身的规模和竞争实力。企业的留存收益水平与企业未来的发展趋势密切相关。

将所有者权益变动表同利润分配表结合起来，对于全面分析评价企业利润分配水平、分配策略以及收益留存的目的有着重要的现实意义。

课后复习与练习

一、复习思考题

1. 通过所有者权益变动表的分析能够获取哪些信息？
2. 进行资本保值增值分析时应考虑哪些因素？
3. 股东财富增长率与资本保值增值率之间是什么关系？股东财富增长主要与哪些因素有关？
4. 从企业利润分配表的分析中能够获取哪些信息？
5. 决定企业利润分配水平的主要因素有哪些？企业留存收益的主要目的是什么？
6. 进行利润分配水平和留存收益分析时，为什么要结合股东权益变动分析？

二、习 题

（一）填空题

1. 资本保值增值率是________________与________________的比率。
2. 股东财富增长率是________________与________________的比率。
3. 股东财富是________________与________________之和。
4. 利润分配率是企业一定时期________________与________________的比率。
5. 留存收益率是指企业一定时期________________与________________的比率。

（二）单项选择题

1. 与资产负债表比，所有者权益变动表提供了（　　）方面的信息。
   A. 所有者权益总额　　B. 所有者权益构成
   C. 所有者权益总额变动　　D. 所有者权益变动结构
2. 评价资本保值增值率的关键是看企业（　　）。
   A. 资本总额的增长　　B. 实收资本的增长
   C. 附加资本的增长　　D. 资产总额的增长
3. 以下表述正确的是（　　）。
   A. 资本保值增值率一定大于股东财富增长率
   B. 资本保值增值率一定小于股东财富增长率
   C. 股东财富增长率与资本保值增值率成正比
   D. 股东财富增长率与资本保值增值率不是正相关的关系
4. 下面说法正确的是（　　）。
   A. 决定企业利润分配水平的是净收益
   B. 决定企业利润分配水平的是现金
   C. 利润分配水平越高，表明企业的实力越强
   D. 利润分配水平与企业的经营状况、财务状况和未来发展有关
5. 留存收益与利润分配水平之间的关系是（　　）。
   A. 此高彼低　　B. 留存收益率与利润分配水平正相关

C. 没有直接关系
D. 有关系，但不一定是正相关，也不一定是负相关

6. 企业在持续发展过程中效益一直很好，且前景光明，此时对股东来讲最好的股利分配方式是（　　）。

A. 现金股利
B. 股票股利
C. 混合股利
D. 不进行股利分配

（三）多项选择题

1. 下列表述正确的有（　　）。

A. 所有者权益变动表所反映的信息是债权人最为关心的
B. 所有者权益变动表所反映的信息是投资者和潜在投资者最为关心的
C. 所有者权益变动表提供了所有者权益变动的根源
D. 所有者权益变动表是资产负债表的附表

2. 下面能引起所有者权益变动的事项有（　　）。

A. 调整以前年度收益
B. 进行利润分配
C. 用资本公积转增资本
D. 用盈余公积转增资本
E. 以上各项都是

3. 通过所有者权益变动表的分析，可以获取（　　）方面的信息。

A. 评价经营者业绩
B. 股东权益变动结构是否合理
C. 企业未来发展趋势
D. 股东财富增长
E. 经营质量

4. 以下关于企业利润分配水平表述正确的有（　　）。

A. 利润分配水平的高低与留存收益有关
B. 利润分配水平的高低与企业的经营状况、财务状况有关
C. 利润分配水平的高低与企业当期的净收益直接相关
D. 利润分配水平的高低直接反映了企业的实力
E. 对股东来讲现金股利越高越好

5. 以下关于留存收益表述正确的有（　　）。

A. 留存收益率越大越好
B. 留存收益率与股东财富增长率正相关
C. 留存收益率的高低与企业未来发展对资金的需求有关
D. 在企业生产经营成熟期不需要留存收益
E. 留存收益率的高低完全是由企业自己决定的，不受其他因素影响

6. 企业所有者权益变动结构良好的标志体现在（　　）两个方面。

A. 附加资本所占比重越来越大
B. 实收资本所占比重越来越大
C. 所有者权益变动结构与企业的经营发展战略相适应
D. 所有者权益变动结构与企业当期的经营状态和财务状况相适应

（四）判断题

（　　）1. 在实收资本不变的条件下，资本保值增值率一定高于100%。

（　　）2. 所有者权益增减变动与企业的生产经营无关，纯属于财务活动。

（　）3. 良好的所有者权益变动结构一定与企业的生产经营实际相适应，与企业的经营发展战略相配合。

（　）4. 股东财富增长率既是评价投资效益的指标，也是考核经营者经营业绩的指标。

（　）5. 在企业起步阶段实现的利润，一般不进行分配。

（　）6. 留存收益率越高，表明企业发展后劲越足。

（五）计算分析题

1. 资料：

（1）D公司2015年度股东权益增减变动见表5-6。

表5-6　D公司2015年度股东权益变动简表

（单位：万元）

项　目	本年金额					上年金额				
	实收资本	资本公积	盈余公积	未分本利润	所有者权益合计	实收资本	资本公积	盈余公积	未分本利润	所有者权益合计
一、上年年末余额	200.00	70.00	98.97	35.02	403.99	200.00	70.00	80.46	10.13	360.59
二、本年年初余额	200.00	70.00	98.97	35.02	403.99	200.00	70.00	80.46	10.13	360.59
三、本年变动金额										
（一）本年净利润				140.60	140.60				123.40	123.40
（二）直接计入权益的利得和损失		30.00			30.00					
（三）所有者投入										
（四）本年利润分配			21.09	-81.09	-60.00			18.51	-98.51	-80.00
四、本年年末余额	200.00	100.00	120.06	94.53	514.59	200.00	70.00	98.97	35.02	403.99

（2）D公司2013~2015年利润分配情况见表5-7。

表5-7　D公司2013~2015年利润分配表

（单位：万元）

项　目	2015年	2014年	2013年
一、净利润	140.60	123.40	105.80
加：年初未分配利润	35.02	10.13	10.20
盈余公积转入			

（续）

项 目	2015 年	2014 年	2013 年
减：职工奖励及福利基金			
二、可供分配的利润	175.62	133.53	116.00
减：提取法定盈余公积	14.06	12.34	10.58
提取法定公益金	7.03	6.17	5.29
转入盈余公积			
三、可供股东分配的利润	154.53	115.02	100.13
减：已分配优先股股利			
提取任意盈余公积			10.00
已分配普通股股利	60.00	80.00	80.00
转作股本的普通股股利			
四、未分配利润	94.53	35.02	10.13

（3）D 公司根据目前的生产经营状况，计划在 2016 年对精加工车间进行改造，工程预算为 150 万元；车间改造完成后，将提高现有机械的加工能力和加工精度，预计每年能增加销售收入 120 万元。

2. 要求：

（1）计算表 5-8 中 D 公司的有关财务比率并进行比较评价。

（2）对 2015 年 D 公司所有者权益变动结构进行分析评价。

（3）对 D 公司三年利润分配水平与留存收益进行分析评价。

表 5-8 D 公司有关财务指标计算分析表

财 务 指 标	2015 年	2014 年	2013 年
1. 资本保值增值率 2. 股东财富增长率 3. 利润分配率 4. 留存收益率			

第六章　成本费用报表分析

通过学习本章，了解企业成本费用的有关含义，领会成本费用与企业经济效益的内在关系，领会成本费用分析的意义和各种成本费用报表提供的数据，掌握企业成本费用的分析方法。

掌握企业成本费用的计算与分析评价方法，能够进行成本费用表分析的实际操作。

教学引导　成本费用水平的高低与企业的收益性和盈利能力的大小有着内在联系，提高企业经济效益的一条重要途径就是加强成本管理。本章以降低成本费用水平为主线，以成本费用报表为主要信息来源，阐述产品生产总成本、主要产品单位成本和三项期间费用的分析方法。

第一节 成本报表分析

一、产品生产成本表分析

（一）产品成本分析的内容

产品成本分析是对报告期已完工产品的生产成本情况所进行的分析，其基本内容就是利用成本核算数据以及其他有关资料，与各种成本标准进行比较。通常运用的比较标准一般有目标成本或计划成本、上年同期实际成本、本企业历史先进成本水平、同行先进企业成本水平或行业平均成本水平等。通过比较，从中确定超支或节约差异，分析差异形成的原因，评价成本计划完成情况，分清责任归属。产品成本分析包括对全部产品成本水平的分析和主要产品单位成本的因素分析。

（二）产品成本分析的方法

产品成本分析采用何种方法，取决于分析的内容。一般地说，比较分析法、结构分析法、因素分析法等财务报表分析的常用方法都要加以使用。方法之间互相配合，从不同角度说明问题。分析过程中，结合成本特性如果需要确定并分解半变动成本，还要选择相应的分解方法。实际上，分析的全过程离不开对各种相关数据的对比分析。

（三）产品生产总成本分析的目的

对报告期完工产品总成本进行分析，是对产品成本整体水平的分析，其目的在于考核企业各项生产费用发生的升降情况，企业全部产品、各种主要产品、可比产品以及不可比产品成本计划的执行情况。如果企业制定有成本降低指标，还要查验该指标的完成情况，最后对企业产品生产成本总水平的高低做出评价。

（四）产品生产成本表提供的数据

产品生产成本表提供的数据是进行成本分析的基本资料。这类报表通常分别从成本项目和产品种类两个角度提供成本数据，以满足成本分析与管理的需要。

1. 按成本项目反映的产品生产成本表

该种报表所反映的内容见表6-1。

表6-1 信达公司产品生产成本表

2015年12月 （单位：元）

项　目	上年实际数	本年计划数	本月实际数	本年累计实际数
生产费用：				
直接材料	2 492 700	2 419 500	243 760	2 469 970

（续）

项　　目	上年实际数	本年计划数	本月实际数	本年累计实际数
直接人工	1 026 760	1 140 200	94 530	1 034 870
制造费用	1 900 520	1 694 540	158 400	1 773 420
生产费用合计	5 419 980	5 254 240	496 690	5 278 260
加：在产品、自制半成品期初余额	289 400	281 880	242 180	226 460
减：在产品、自制半成品期末余额	226 460	234 470	295 470	295 470
产品生产成本合计	5 482 920	5 301 650	443 400	5 209 250

从表6-1中可以看出，按成本项目反映的产品生产成本表结构上分为紧密相连的上下两个部分：上面是按成本项目反映的各项生产费用及其合计数，下面是完工产品生产成本的形成及其总额，该结构提供了报告期内全部产品生产费用支出情况和费用构成情况。另外，表中对这两部分内容分别按照本期实际和各种比较标准设置专栏提供数据。

2. 按产品种类反映的产品生产成本表

仅从按成本项目反映的产品生产成本表中还无法了解到各种产品的成本情况，所以还需要从产品种类角度设计并提供相应报表，反映成本费用分析的相关数据。该种报表所反映的内容见表6-2。

表6-2　信达公司产品生产成本表

2015年12月　　　　（单位：元）

产品名称	计量单位	实际产量		单位成本				本月总成本			本年累计总成本		
		本月	本年累计	上年实际平均	本年计划	本月实际	本年累计实际平均	按上年实际平均单位成本计算	按本年计划单位成本计算	本月实际	按上年实际平均单位成本计算	按本年计划单位成本计算	本年实际
甲	件	100	1 100	959	955	952	956	95 900	95 500	95 200	1 054 900	1 050 500	1 051 600
乙	件	300	3 500	648	638	626	630	194 400	191 400	187 800	2 268 000	2 233 000	2 205 000
丙	件	200	2 450	789	790	802	797	157 800	158 000	160 400	1 933 050	1 935 500	1 952 650
合计								448 100	444 900	443 400	5 255 950	5 219 000	5 209 250

表6-2的整个报表结构是从左至右横向分成几个部分，按照产品种类分别提供了实际产量、单位成本、本月总成本和本年累计总成本数据。

由于产品成本报表属于内部报表，所以在设计报表内容、格式，提供哪些数据都应以满足企业自身分析管理对信息的需要为原则，表6-1、表6-2只是一种参照做法。企业应自行增减有关表格和内容。另外有些分析中需要使用的数据资料如已经反映在企业其他有关文件中，表6－2中也可不再列示。

（五）产品生产总成本分析

1. 按成本项目进行分析

按成本项目对产品生产总成本进行分析，可以根据按成本项目反映的生产成本表提供的数据以及其他有关资料，综合运用各种分析方法从以下三个方面进行分析：

（1）通过生产费用总计和产品生产成本总计的各专栏数据进行比较揭示差异。

从表6-1可以看出，本年产品生产费用实际耗费低于上年水平，但超过了本年计划。从项目上看主要是直接材料和制造费用超支引起的。再看产品生产总成本情况，本年累计实际数为5 209 250元，不但低于上年成本水平，同时也低于本年计划数。生产费用总计超过计划，而产品成本总计低于计划，原因就在于年初、年末在产品和自制半成品数额实际与计划发生了变动。年初实际比计划数减少55 420元，年末数增加61 000元，合计为116 420元，不仅抵消了本年生产费用超过计划的24 020元，并最终使产品总成本低于计划92 400元。这其中的原因往往是多方面的，比如产量的增减、品种结构的改变、单位成本的升降都会引起费用总水平和产品成本总水平的变动。需要进一步分析原因才能更加明确，从而对本表最后显示的产品总成本降低是否合理、有利做出评价。

（2）对成本项目结构变动进行分析。根据产品单位成本中各项耗费的定额数据，可以获得一个合理的成本项目结构参数。用实际耗费结构与之进行比较，或与上年结构比较，可以揭示差异，把握项目结构变动情况及其对费用总体的影响，从中发现生产过程和成本管理中可能存在的问题。

例6-1 以表6-1资料为例，对信达公司产品成本项目结构进行分析（本例简化考虑，只计算、对比分析本年计划和本年累计实际两栏的比重情况）。有关计算结果见表6-3。

表6-3 成本项目结构分析表

项 目	直接材料比重（%）	直接人工比重（%）	制造费用比重（%）	合计（%）
本年计划	46.0	21.7	32.3	100
本年累计实际	46.8	19.6	33.6	100

从表6-3的实际比重与计划比重比较，直接材料费用比重略微有所升高，由此可知材料耗费超过计划50 470元的原因主要是单位产品材料费用的变动和品种结构变动的影响。直接人工费用和制造费用比重比计划比重呈相反方向变化，前者下降，后者上升，其中人工费用比重下降可能会有劳动生产率的提高等有利因素影响，而制造费用作为固定性费用，其实际耗费比重上升是应该引起思考的，需进一步查明原因。

表6-3是对比结构变动的做法来揭示差异，从中发现问题。实际工作中也可以改用直接计算各项目数额增减变化及差异的百分比的做法替代。前者通常称为结构分析法，后者称为对比分析法。不管采用哪种方法，计算的数据最终都需要通过比较才能发现差异和问题，从而为深入分析提供线索。

（3）对有关成本效益指标进行分析，评价报告期成本获利水平。能够反映企业生产经营成果和效益的指标通常有商品产值、主营业务收入和实现利润等。将它们分别与该期产品生产成本相对比，建立起产值成本率、主营业务成本率以及成本利润率等考核评价指标，以本期指标与计划或上期指标进行比较，可以说明本期成本管理工作的成效大小。

例6-2 假设信达公司各期营业利润分别为：上年实际1 020 760元、本年计划1 113 350元、本年累计实际1 146 040元，则各期的成本利润率计算如下：

上年实际成本利润率=1 020 760 ÷ 5 482 920 × 100% =18.6%

本年计划成本利润率=1 113 350 ÷ 5 301 650 × 100% =21.0%

本年累计实际成本利润率=1 146 040 ÷ 5 209 250 × 100% =22.0%

从上述计算可以看出，该公司本年累计实际成本利润率高于上年 3.4 个百分点，同时也高于本年计划，说明企业在成本管理方面有一定的进步。不过应该指出，获得较高的成本利润率水平也可能包含着有效管理其他营业费用的结果。联系前面的分析来看，该公司在成本管理上还存在一些问题，应继续挖掘潜力，巩固成绩，争取更好的经济效益。

2. 按产品种类进行分析

按产品种类对产品生产总成本进行分析，可以根据按产品种类反映的生产成本表提供的数据，结合几种分析方法，从以下两个方面进行：

（1）将本期实际成本与计划成本进行对比分析。这种对比分析可以根据表中数据从左至右，首先对单位成本部分中本月实际数、本年累计实际平均数与本年计划数进行简单对比，然后再将全部产品和其中主要产品的本月实际总成本、本年累计实际总成本分别与本月计划总成本和本年累计计划总成本对比，确定实际与计划之间的差异，从而掌握成本计划的完成情况。在此以总成本差异分析为重点，单位成本差异将做专门分析。

例 6-3 根据表 6-2 所提供的数据，对信达公司本期实际成本与计划成本进行对比分析。

在表 6-2 中可以看到全部产品本月实际总成本 443 400 元和本年累计实际总成本 5 209 250 元分别低于计划数 444 900 元和 5 219 000 元，总体看成本计划完成情况较好。但是分产品品种来看，可发现甲产品本月实际总成本 95 200 元低于计划数 95 500 元，但其本年累计实际总成本 1 051 600元却高于计划数 1 050 500 元，说明本月份甲产品生产成本工作有成绩，但年度内总情况不太理想，平均计算还是超过了计划水平。乙产品的情况是本月实际总成本和本年累计实际总成本均低于计划数，说明该产品生产过程中费用控制较好。再看丙产品的成本数据对比，结果是双双超过计划数。其中本月实际总成本超过计划 1.5%，全年累计总成本超过将近 0.9%。看起来各产品成本计划执行情况不平衡，有好有差，应进一步分产品进行分析，找出各自原因。

（2）将本期实际成本与上年实际成本进行对比分析。将本期实际成本与上年实际成本进行对比分析，只适用于上年度生产过的可比产品。同上面提到的情况相似，首先也可就单位成本中本月实际数、本年累计实际平均数与上年实际平均数进行简单对比，然后对表中所有的可比产品成本进行本期与上期的对比，分析本期比上期的升降变动情况。如果企业管理当局或上级主管机构制订有可比产品成本降低计划，则还应该对成本降低计划的执行结果进行分析。正确分析的前提条件是划清可比产品与不可比产品的界限。下面分别说明本期与上期实际成本的对比分析和成本降低计划执行情况的分析。

1）与上年实际成本对比，分析可比产品成本变化情况。首先就全部可比产品成本总计进行对比分析，获得一个总成本水平变化的信息，但只有这一步显然不够，必须进一步按产品种类分别与上年实际成本进行对比分析，查明哪些产品成本是提高了，哪些是下降了。只有这样，才能既看到成绩又看到问题，客观地理解可比产品成本总水平发生变化的表层原因。

例 6-4 根据表 6-2 所提供的数据，对信达公司本期实际成本与计划成本进行对比分析。

从表 6-2 中可看出信达公司所产三种产品均为可比产品。三种产品本月实际总成本和本年累计实际总成本分别低于上年的 448 100 元和 5 255 950 元，总体看成本水平比上年有所降低。接着分产品进行对比，可发现甲、乙两产品与总体情况一致，只有丙产品相反，其本月实际总成本和本年累计总成本均超过了上年实际成本水平。当然，该产品本年成本计划的制订本身就超出上年水平，但实际结果是超过上年的幅度比计划要大，按本月总成本计算，超幅达1.65%。这一对比可以更清楚地看到丙产品成本中可能存在某些问题，应将其作为分析重点去查找具体原因，以便尽快加以调整。

2）可比产品成本降低计划执行情况的分析。这一分析根据降低计划的制订情况进行。如果降低计划是分产品下达的，就应按产品进行分析；如果降低计划是综合规定的，则只就全部产品总成本进行分析。

一般来说，一定种类和数量的产品总成本发生变动，主要原因可以归结为产品产量、品种结构以及产品单位成本三项因素的变动所致。在具体分析成本计划降低额完成情况时，是用本年比上年的实际成本降低额与计划降低额进行对比。

值得注意的是，实际成本降低额是根据本年实际产量计算的，而计划降低额的制订依据是计划产量。在产品单位成本和品种结构不变的情况下，产量的增减会使成本降低额发生等比例的增减。但是由于按上年实际平均单位成本计算的本年累计总成本也发生了同比例的增减，因此不会导致成本降低率发生变动。由此可见：影响可比产品成本降低率变动的因素有两个，即产品结构变动和单位成本变动；而影响可比产品成本降低额变动的因素则为前面所提到的三个，即产量、品种结构和单位成本的变动。

下面结合上例对此项分析进行说明。

例6-5 假定信达公司本年全部可比产品成本计划降低额为190 000元，计划降低率为2.8%。根据表6-2所提供的数据，分析可比产品成本降低计划的执行情况。

由表6-2可知该公司全年可比产品成本实际降低额为46 700元（5 255 950－5 209 250），实际降低率为0.89%（46 700/5 255 950）。二者相对比，可以得到公司当年全部可比产品成本降低计划的执行结果如下：

可比产品成本实际降低额小于计划降低额：

$$46\ 700-190\ 000=-143\ 300\text{（元）}$$

可比产品成本实际降低率小于计划降低率：

$$0.89\%-2.8\%=-1.91\%$$

结果表明成本降低额和降低率均未完成。下面运用因素分析法中的连环替代法分别测定产量、品种结构和产品单位成本三因素变动各自对成本降低计划执行结果的影响程度。

①产量变动的影响。

按计划产量、计划品种结构和计划单位成本计算的成本降低额（即计划降低额）=190 000（元）

前面曾指出单纯的产量变动可使成本降低额发生等比例变动，但并不影响成本降低率。由此可知按实际产量、计划品种结构和计划单位成本计算的成本降低额也就是计划降低率。因此，按实际产量、计划品种结构和计划单位成本计算的成本降低额=5 255 950×2.8%=147 167（元）

产品产量变动对成本降低额的影响＝147 167－190 000＝－42 833（元）

②产品品种结构变动的影响。

按实际产量、实际品种结构和计划单位成本计算的成本降低额＝5 255 950－5 219 000＝36 950（元）

产品品种结构变动对成本降低额的影响＝36 950－147 167＝－110 217（元）

产品品种结构变动对成本降低率的影响＝－110 217÷5 255 950×100%＝－2.1%

③产品单位成本变动的影响

实际产量、实际品种结构和实际单位成本计算的成本降低额 5 255 950 - 5 209 250 = 46 700（元）

产品单位成本变动对成本降低额的影响 = 46 700 - 36 950 = 9 750（元）

产品单位成本变动对成本降低率的影响 = 9 750 ÷ 5 255 950 × 100% = 0.19%

将上述计算结果进行汇总，见表 6-4。

表 6-4 各因素影响程度汇总表

因　素	对成本降低额的影响/元	对成本减低率的影响
产品产量变动的影响	-42 833	
产品品种结构变动的影响	-110 217	-2.1%
产品单位成本变动的影响	9 750	0.19%
合　计	-143 300	-1.91%

通过上述分析计算可以看出，该公司本年度可比产品实际总成本 5 209 250 元，虽然比按上年实际平均单位成本计算的实际总成本 5 255 950 元有所降低，但并未完成本年度制订的成本降低计划。产量和品种结构两项因素的变动均产生不利影响，其中负面影响最大的是品种结构的变动。可能是公司多生产了成本降低程度小甚至是成本有所提高的品种，少生产了成本降低程度大或者成本提高少的品种所致。为什么会如此，还应联系生产计划的执行和市场需求的变化等情况进行分析评价，落实责任归属。

本年实际产量减少对成本降低计划的影响程度排在第二位，影响金额 42 833 元，也应联系生产实际查明产量下降的具体原因。由于产品单位成本的变动（主要是乙产品成本降低）使成本降低额稍有增加，抵消了一部分未完成计划的成本降低额和成本降低率，这一点应该肯定。但是还需要通过产品单位成本的进一步分析，确定其中的主、客观影响因素，从而采取切实可行的措施，努力做好成本管理工作。

二、主要产品单位成本分析

（一）主要产品单位成本分析的目的

企业生产的主要产品是其获取收入和创利的关键所在。在收入一定的情况下，成本越低收益越高。因此节约开支，降低成本，始终是企业争取良好经济效益的一条重要途径，是企业需要苦练的“内功”。“内功”的重点是企业的主要产品。对成本变化较大的主要产品单位成本进行分析，目的就是要查明这些主要产品单位成本变化的具体原因，落实影响因素及其影响程度以及哪些因素是积极的，哪些因素则出了问题。查看成本变化趋势，考核技术经济指标执行情况。总之要考核“内功的功力效果”，为进一步改善成本管理指明方向。

（二）主要产品单位成本表提供的数据

分析主要产品单位成本的变化情况，应编制并利用主要产品单位成本表。该表是按照主要产品分别编制的，是按产品种类反映的产品生产成本表中主要产品成本的进一步反映。分析的重点应是那些报告期成本变化较大的产品。表中在单位成本部分列出若干比较标准数据，如历史先进水平、上年实际平均、本年计划等，以便于从多角度对比分析。表中主要技术经济指标部分主要反映各种材料的消耗数量，是因素分析中需要的数据资料。

主要产品单位成本表见表 6-5。

表 6-5　信达公司主要产品单位成本表

2015 年 12 月

产品名称：丙　　计量单位：件　　本月实际产量：200　　累计产量：2 450

成本项目	历史先进水平	上年实际平均	本年计划	本月实际	本年累计实际平均
直接材料	394	396	392	400	392
直接人工	171	171	175	172	177
制造费用	222	222	223	230	228
单位成本合计	787	789	790	802	797
主要技术经济指标	消耗量	消耗量	消耗量	消耗量	消耗量
1. 主要材料	2.5 千克	2.4 千克	2.3 千克	2 千克	2.1 千克
……					

（三）主要产品单位成本分析

主要产品单位成本分析可以分三步进行，一是将本期实际成本与成本标准进行对比，查看升降变化情况，进行一般分析；二是对每个成本项目的变化进行具体分析；三是分析主要技术经济指标情况。

1. 一般分析

现结合表 6-5 提供的数据说明主要产品单位成本一般分析的方法。

从表中可以看到，本期两个实际成本数据均高于本年计划成本，同时也超过了上年实际成本水平，与历史先进水平比较差距就更大，可见丙产品单位成本超支现象较为严重。综览表中几个单位成本数据，可以发现该产品的单位成本水平在逐步提高，以致在制订本年计划时已经考虑到这种变化趋势，因而计划数高过了上年和历史先进水平数。从本年情况看，12 月份的实际成本高于本年累计实际平均成本，看来年内各月的实际成本也有可能是逐渐提高的。究竟是什么原因引起的丙产品单位成本发生这种变化，还需要按照成本项目做进一步分析。

2. 成本项目分析

每一个成本项目的分析均可以先通过对比确定差异，然后再进一步分析影响因素及程度。成本项目分析时应特别注意那些在单位成本构成中占据主要位置的项目。

（1）直接材料费用的分析。对于很多产品来说，直接材料费用在其单位成本构成中往往占有较大的比重，因此它的升降变化就成为单位成本变动的主要原因。直接材料费用是单位产品材料消耗数量与材料单位价格的乘积，材料消耗数量的变化和单价的变化都会引起材料费用的增减变化。对此，应通过因素分析来确定它们各自的变化对材料费用的影响程度。

例 6-6　信达公司丙产品直接材料费用的有关详细资料及其实际上与计划对比结果见表 6－6，对其变动情况进行分析。

表 6-6　直接材料计划与实际费用对比表

项　目	材料消耗数量/千克	材料单价/元	直接材料费用/元
本年计划	2.3	170.43	392
本月实际	2	200	400
费用差异			8

上面对比表中显示丙产品单位成本中的直接材料费用本月实际比本年计划超支 8 元。直观地看材料消耗数量和材料单价都有变动，各自影响有多大，可通过差额分析法计算确定。

材料消耗数量变动的影响：(2 - 2.3) ×170.43 = - 51.13（元）

材料价格变动的影响：(200 - 170.43) ×2 =59.14（元）

两因素影响程度合计：- 51.13 + 59.14 =8.01（元）

虽然丙产品直接材料费用超支额不大，但从分析结果看出：单位产品的材料消耗量有所节约，并使材料费用降低 51.13 元，但是由于价格上涨使得材料费用超支 59.14 元，相抵后取整数净超支 8 元。在材料价格上涨已成为客观事实的情况下，同时在保证产品质量的前提下，材料消耗量的节约就是降低直接材料费用的关键。可以通过生产工艺改革和加强成本控制来实现既定目标。

在表 6-5 中，丙产品的本年累计实际平均材料费用与本年计划数持平，并低于本月实际、上年实际平均和历史先进水平。从上面的分析中不难看出，这里不一定全是成本管理工作的成绩，对此也可比照上述方法进行因素分析。

(2) 直接人工费用的分析。对于生产劳动密集型产品的企业来说，产品成本中的直接人工费用是一个很重要的项目。要想节约人工成本，首先是要努力提高劳动生产率。

从表 6-5 中可以看到丙产品单位成本中直接人工资费用本年度的几个数据均高于上年和历史先进水平。与本年计划相比，全年累计实际平均水平未达到计划要求，但是 12 月情况得到明显改观。进一步分析时就要结合企业采用的工资制度。如果实行计件工资制，人工费用的变动就是由于计件单价变动引起的，分析中应查明产品计件单价变动的缘由及其合理性。如果实行计时工资制，直接人工费用的变动就会受到单位产品所耗工时和小时工资率两个因素的影响。对此可以比照直接材料费用的分析方法，计算确定两因素各自对人工费用的影响程度。

例 6-7 假设信达公司采用计时工资制度，丙产品中直接人工费用的有关详细资料及其实际上与计划对比结果见表 6-7，对其变动情况进行分析。

表 6-7 直接人工费用计划与实际对比表

项　目	单位产品所耗工时	小时工资率	直接人工费/元
本年计划	35	5	175
本月实际	31	5.55	172
费用差异			3

从表 6-7 中看到直接人工费用本月实际比本年计划低 3 元，而且工时消耗和小时工资率都有变动，各自影响程度有多大，也可用差额分析法计算确定。

单位产品消耗工时变动的影响：(31 - 35) ×5 = - 20（元）

小时工资率变动的影响：(5.55 - 5) ×31 = 17（元）

两因素影响程度合计：- 20 + 17 = - 3（元）

上述分析计算表明，丙产品直接人工费用的节约是由于工时消耗降低引起的，而小时工资率却有所提高并且抵消了大部分节约工时所产生的人工费用降低额。同材料费用一样，在保证产品质量的前提下，工时的节约主要是工人操作技能提高，从而提高了劳动生产率的结果。

小时工资率是用生产工人工资总额除以生产工时总额而得出的。因此，小时工资率如发生较大变化，就还应进一步对生产工资总额的控制和调资等变动情况做出分析。总之，具体分析

（无论是定性分析还是量化分析）的目的主要就在于找出那些导致成本水平变动的不合理因素，以利改进。

（3）制造费用的分析。一般来说，制造费用是根据工人工资或生产工时等标准分配计入产品成本的。因此，产品单位成本中制造费用的分析，通常与计时工资制度下的直接人工费用分析相似。在本章第二节将专门对制造费用的具体费用项目进行分析。

第二节 费用报表分析

一、制造费用报表分析

（一）制造费用分析的目的

制造费用是产品生产企业为生产产品或提供劳务而发生的各项间接性的生产耗费。其内容总体来说可概括为三个部分：① 间接用于产品生产的费用，如机物料消耗、车间照明用电等；② 直接用于产品生产，但管理上不要求或不便于分产品单独核算的费用，如机器设备的折旧费、修理费等；③ 车间（或分厂）用于组织管理生产的费用，如车间技术管理人员的工资福利费、办公费等。划清各种制造费用的具体用途，对开展分析是很有帮助的。

按照制造成本法，对于各期发生的制造费用是按照一定标准分配计入产品成本的，制造费用的多少直接关系到产品成本的高低。加强成本管理，降低成本水平，必须在制造费用的预算和控制上下功夫。制造费用分析主要是根据预算（计划）执行情况，查明超支或节约的原因，以便落实责任、考核奖惩、制定改进措施，促进成本管理工作水平的提高。

（二）制造费用分析的基本途径

对制造费用进行分析，主要是通过定期编制制造费用明细分析表来进行，其格式见表6-8。

表6-8 信达公司制造费用明细分析表

2015年度 （单位：元）

费用项目	本期预算	本期实际	实际比预算		各项目占总体比重（%）	
			增减金额	变动（%）	预算数	实际数
工资福利费	401 600	401 720	120	略	67.7	57.1
折旧费	113 200	113 376	176	略	19.1	16.1
修理费	3 900	3 658	-242	-6.2	略	略
办公费	800	1 138	338	42.3	略	略
水电费	5 300	5 167	-133	略	略	略
机物料消耗	45 800	45 236	-564	略	7.7	6.4
劳动保护费	7 650	8 130	480	6.3	1.3	1.2
在产品盘亏毁损	—	71 050	71 050	—	—	10.1

（续）

费用项目	本期预算	本期实际	实际比预算		各项目占总体比重（%）	
			增减金额	变动（%）	预算数	实际数
停工损失	—	35 400	35 400	—	—	5.0
其他	14 700	18 735	4 035	27.4	2.5	2.7
合　计	592 950	703 610	110 660	18.7	100	100

（三）制造费用分析举例

例 6-8 根据表 6-8 提供的数据，对信达公司制造费用进行分析。

从表 6-8 提供的计算数据可以看出，信达公司本期制造费用实际发生额比其预算数超出了 110 660 元，上升幅度高达 18.7%，可以说预算执行情况很不好。是什么原因所致？可接着查看各项目的对比结果，就可以找出表层原因。

从表中看到，工资福利费和折旧费是该公司制造费用中的两个主要项目，尤其是工资福利费，一项就占到费用总额的半数以上。这两个项目的实际发生额比预算数都有所增加，但增加额可说是微不足道。因此可以认为这两项开支基本符合预算标准。

修理费实际节约了 242 元，下降百分比为 6.2%。在保证车间维修、固定资产正常运转的前提下，修理费节约是个成绩。可能企业原本打算由外部修理后改为自己动手而节约了费用开支，或者在修理用工用料方面下了功夫等。对修理费以及其他出现类似情况的项目，可做进一步调查了解，落实具体原因，肯定成绩。

表中第四项办公费情况不理想，实际数超支 338 元，增幅达 42.3%。虽然办公费在费用总额中比重很小，这个很高的增幅是由于其绝对数值很小所致，但是办公费本身就是个应该力求节约的项目，更何况有预算标准予以控制。所以从这个角度来说，企业应进一步分析办公费超支的原因。查明是由于预算过紧，还是执行中控制不严，或者有什么外部因素的影响等，以便采取相应的调整改进措施。

表中水电费、机物料消耗两项目均小有节约，可以说预算执行得很好。劳动保护费项目情况相反，超支了 6.3%。该项目是低比重项目群中的“大头”，应予注意。

再看在产品盘亏毁损和停工损失两个费用项目。这两项内容里含有无法预见的成分，一般情况下不做预算。从表中可看到两项损失数额都不小，合计金额高达 10 多万元，在费用总额中的比重合计达到 15%。看来，导致制造费用总额预算执行情况不好的主要原因就在于此。

最后是一个带有综合色彩的项目——其他费用，它包括了一切属于车间（或分厂）负担，但又未单独设置项目的费用开支。从某种意义上说，是一个弹性较大的项目，更应予以关注。表中显示信达公司的其他费用严重超标，增幅达 27.4%，在费用总额中的比重也是上升态势。

经过各项目的分析，情况已比较明了，可以对信达公司本期制造费用预算执行情况做如下评价：第一、二两个项目虽然实际比重有所降低，但仍居主导地位，且实际与预算数额接近，表明这两个开支项目的控制是有效的。中间各项目的比重除机物料消耗外均不高，发生额有超有降，互相抵消一部分，从而减少了对预算总额完成情况的影响。但正如前面所述，企业还应对办公费等项目进行深入分析，查明原因，把费用控制工作做细。最后三个项目是本期制造费用深入定性分析的重点，特别是那两个损失项目，是制造费用总额大大超过预算的关键所在，必须深入调查具体原因，分清主、客观影响因素，明确责任，并应对暴露出的问题制订解决方案。

（四）制造费用分析中应注意的问题

制造费用是生产单位为组织和管理生产而发生的费用，按费用性质可以划分为变动性制造费用、半变动性制造费用和固定性制造费用。因此，在分析制造费用时，必须注意结合不同性质的制造费用与产品生产的关系进行分析。

（1）对变动性制造费用，如修理费、机物料消耗、低值易耗品摊销等，这些费用的高低与产品生产有着密切的联系，因此不能简单地认为某项费用超支就是不合理的，节约就是有利的。

（2）对半变动性制造费用，如水电费、劳动保护费等，这些费用会随着产品产量的变化出现一些非等比例的升降变化，分析时应定性与定量分析相结合。

（3）对固定性制造费用，如折旧费、办公费等应严格控制支出，分析时要注意其开支渠道。

（4）对制造费用中的各项损失，分析时应从管理上找原因。

二、销售费用报表分析

（一）销售费用分析的目的

在市场经济条件下，企业的生产经营活动要根据市场导向来进行。从“以销定产”这一组织生产的原则就可以清楚地看到：销售环节的重要性绝不亚于甚至超过了生产环节，成为企业全部经营活动的关键所在。为了占有市场份额，顺利地实现销售，企业必然要投入大量的费用开支。尤其是在产品的广告宣传和售后服务方面，有的企业甚至“不惜血本”。企业的产品销售费用，特别是其中的“三包”损失，较过去普遍呈增长态势。在这种情况下，更需要加强对销售费用开支的控制和管理，尽可能做到花出的钱能产生回报，费有所值。

对产品销售费用进行分析，既可以对已发生费用的功效、销售人员的业绩以及产品质量进行评价考核，也为今后改善销售工作提供借鉴依据，从而为更好地实现企业整个经营战略目标提供信息服务。

（二）销售费用分析的基本途径

与制造费用分析一样，销售费用分析也是通过定期编制销售费用明细分析表来进行的，该表格式见表6-9。

表6-9　信达公司产品销售费用明细分析表

2015年度

（单位：元）

费用项目	本期预算	本期实际	实际比预算		各项目占总体比重（%）	
			增减金额	变动（%）	预算数	实际数
工资福利费	62 200	62 618	418	略	54.3	53.1
运输费	8 600	9 870	1 270	14.8	7.5	8.4
装卸费	1 400	1 720	320	22.9	1.2	1.5
包装费	9 300	7 400	−1 900	−20.4	8.1	6.3
展览费	4 100	4 680	580	14.1	3.6	4.0
广告费	7 800	7 800	0	0	6.8	6.6

（续）

费用项目	本期预算	本期实际	实际比预算		各项目占总体比重（%）	
			增减金额	变动（%）	预算数	实际数
差旅费	8 600	9 456	856	10.0	7.5	8.0
其他	12 500	14 468	1 968	15.7	10.9	12.3
合　计	114 500	118 012	3 512	3.1	100	100

（三）销售费用分析举例

例 6-9 根据表 6-9 提供的数据，对信达公司产品销售费用进行分析。

首先从表中可以看出，销售费用总额超过预算 3 512 元，超支幅度为 3.1%，执行情况不太理想。什么原因所致？需要继续进行各项目的对比分析。

从表中可以看到，比重占费用总额半数以上的工资福利费，这个项目仅有小额增加，情况应属正常。实际上，在企业员工数量、工资标准和政策相对稳定，并采用计时工资做法的情况下，这项费用就是固定性费用，但如果企业采用销售提成的做法，这项费用就成为半变动费用，分析其实际数额的增减变化，就要结合销售数量的变化来进行。

再看运输、装卸、包装这三项变动性费用，其中前两项都表现为费用上升，升幅分别为 14.8% 和 22.9%，其超支幅度不算低，有必要了解超支原因。从本例来看，运输费用比重相对较大，如有销售量、价格变动等资料，应做进一步的定量分析。装卸费用虽升幅较高，但在费用总额中比重很低，超支的绝对数也较小，做一般分析即可。再看比重不算低的包装物，呈下降状态，降幅达 20.4%。虽表现为费用减少，但不能简单做出优劣的结论，应考虑销售数量变化的影响，同时还要查明其他原因。

再往下看，展览费也超过了预算标准，但因其绝对额不大，比重上也不是主要项目，做一般分析即可。广告费实际支出与预算一致，表明公司广告宣传计划明确，执行有效。

再看差旅费，可结合业务开展的需要了解超支原因。一般来讲，如果预算编制时考虑比较充分全面，这类费用的超支百分比应该是很低的。

最后一项是其他销售费用，所占比重不低，超过预算标准也不少，达到 15.7%，应予关注。有必要深入分析该项目的具体内容，是否应该发生或发生额是否正常，有无浪费现象。必要时应将其中相对数额较大、较稳定的内容单独设置项目。

经过各项目分析，总的评价如下：首先，从总额上看，预算执行情况不太理想，但基本上完成了预算任务。对其中与销售量变动和开展业务有关的几项变动性或半变动性费用，还需要结合销售业务情况进行分析，不能简单做出结论。差旅费和其他费用，尤其是后者，预算执行情况欠佳。

（四）销售费用明细表分析中应注意的问题

销售费用是企业销售商品过程中发生的费用，费用的高低与销售数量的多少密切相关。因此在分析营业费用时，必须联系当期市场需求变化情况和企业销售业务的开展及销售规模的大小等业务背景来进行分析，必须注意结合不同性质的销售费用与销售数量的关系进行分析。

（1）对随着销售数量的变化而变化的销售费用，如运输费、装卸费和包装费等项目，分析时应将其增减变动同销售数量的增减变动结合起来，以考核这些费用的发生和变动是否合理、正常。

（2）销售费用中有相当一部分费用的效益要在未来反映出来，如展览费、广告费等，分析时应当将连续几个时期的销售费用与销售收入进行对比，如果销售收入的增长大于销售费用的增长，即使销售费用的绝对数是上升的，也属于正常情况；反之，则应强化费用的控制和管理。

三、管理费用报表分析

（一）管理费用分析的目的

管理费用是指企业行政管理部门为组织管理生产经营活动而发生的各项费用。与前述两种费用一样要划分若干项目，对主要项目做预算，分项目进行控制管理和分析。

根据费用特性考虑，企业的管理费用基本属于固定性费用。在企业业务量一定、收入一定的情况下，有效地控制、压缩那些固定性的行政管理费用，将会给企业带来更多的利润。对管理费用进行分析的目的也可以归纳为两个方面：一方面是对本期预算（计划）执行情况进行评价与考核，明确有关责任；另一方面为下期预算（计划）的编制提供有用信息，最终会促进企业增收节支，取得更好的经济效益。

（二）管理费用分析的基本途径

作为期间费用的一项，管理费用与销售费用无论是在费用的预算、控制、分析、评价及考核这一套管理程序上，还是在编表和信息的提供上，都采用相同的原则、程序和方法，只是费用的性质和内容不同，从而使具体的分析要结合业务情况或管理背景分别而论。因此，在进行管理费用分析时，也需要通过编制管理费用分析表来进行，其基本格式见表6-10。

表6-10 信达公司管理费用明细分析表

2015年度

（单位：元）

项目	本年预算	本年实际	上年实际	与预算比		与上年比	
				超降额	超降率（%）	超降额	超降率（%）
公司经费		516 843	459 031			57 812	12.6
其中：工资		289 193	245 963			43 230	17.6
折旧费		73 976	70 564			3 412	4.8
修理费		46 512	4 207			42 305	1 005.6
低值易耗品摊销		5 416	9 661			-4 245	-43.9
办公费		36 552	41 252			-4 700	-11.4
差旅费		13 368	10 064			3 304	32.8
保险费		10 650	6 732			3 918	58.2
其他		41 176	70 588			-29 412	-41.7
工会经费		25 309	18 460			6 849	37.1
职工教育经费		3 276	1 183			2 093	176.9
董事会费		2 032	4 965			-2 933	-59.1
诉讼费		17 396	—			17 396	

（续）

项　目	本年预算	本年实际	上年实际	与预算比		与上年比	
				超降额	超降率（%）	超降额	超降率（%）
业务招待费		50 857	58 276			-7 419	-12.7
税金		16 621	19 503			-2 882	-14.8
研究开发费		80 000	—			80 000	
坏账损失		282 918	—			282 918	
存货盘亏(减盘盈)		46 720	5 300			41 420	781.5
其他		178 842	157 496			21 346	13.6
合　计		1 220 814	724 214			496 600	68.6

（三）管理费用分析举例

例 6-10 根据表 6-10 所提供的数据，对信达公司管理费用进行简要分析。

从表 6-10 中可看到信达公司本年管理费用实际发生额比上年增加了 496 600 元，增幅高达 68.6%，初步看来情况很不好。如果当年企业在经营方针策略上比上年并无大的变化，管理费用发生如此大幅增加，必然严重影响当年的获利水平，必须通过深入分析，找出具体原因，有针对性地制定改进、完善措施，设法提高管理水平，扭转这种不利局面。

当然，如果本年度企业在经营方针政策及开拓方面做了很多工作，从而引起某些管理费用加大，这种情况也还是可以接受的。所以，分析需要结合企业当期业务活动背景来进行。

在对信达公司管理费用总额的分析中，已经解释说明本期管理费用大幅增加的基本原因，下面只对数额变化较大或比较有代表性的项目予以分析。

从表 6-10 的计算结果可以看出，公司的业务招待费和公司经费中的办公费、其他三个比较敏感的项目，开支都比上年有所下降，降低率达到 10% 以上。尤其是其他费用项目，下降百分比达到了 41.7%。这几个项目均属于应该严格控制之列，本年度该公司有关职能部门在这几方面加强了管理，成绩应予肯定。另外，本年度公司投入 8 万元用于研究开发，虽使管理费用上升，但这项开支具有积极意义，有利于公司今后的发展，应予肯定和鼓励。

无论是修理费、诉讼费、坏账损失还是存货盘亏，都暴露出企业在经营和管理的有关方面还存在不少问题，涉及行政办公设施的管理、应收账款的催收管理和仓库物资管理等。需要调查了解各环节各方面的具体情况，落实责任部门和个人，严格奖惩，同时促进公司建立健全各项规章制度。

其他费用项目原则上是一个严控项目，与制造费用、产品销售费用中的其他费用项目一样，应作为重点，结合其所包含的具体内容来分析开支的合理性和有效性。信达公司本年的这项开支超过上年 13.6%，必须进行具体分析，才能予以明确解释。

表 6-10 中未被挑选出来的项目，总的来说都是固定性费用或者虽有增减变化，但不存在什么问题的项目，故不再一一分析说明。总体而言，公司整体管理水平还不高，有待于继续努力，改进费用的控制管理办法。比如可以考虑实行预算管理、指标分解责任管理等具体措施，争取使公司费用管理水平能有一个较大的改进和提高。

（四）管理费用分析中应注意的问题

在进行管理费用分析时，应对费用进行分类，分析不同类别费用的发生是否正常，超支或节约的原因是什么，进而有针对性地进行管理和控制。

（1）对管理性费用，如工资及福利费、办公费、差旅费、修理费、业务招待费等，其高低一般反映企业的管理水平，应从管理上找原因。

（2）对发展性费用，如研究开发费、职工教育经费等，其高低与企业的未来发展相关，不能简单地与管理水平挂钩，应将费用支出与带来的效益相比较进行分析。

（3）对保险与谨慎性备抵费用，如保险费、待业保险费、劳动保险费、坏账准备、存货跌价准备等，其高低与企业防范生产经营风险和职工劳动保障的改善相关，也不能简单地与管理水平挂钩，还是应将费用支出与带来的效益相比较进行分析。

（4）对不良性费用，如存货盘亏和毁损的净损失等，其发生与管理有直接的关系，必须从管理上找原因。

四、财务费用报表分析

（一）财务费用分析的目的

企业从事生产经营活动离不开资金的运转。除了一定数量的自有资金以外，往往还要寻求贷款这条途径。我国的资本市场将逐渐开放并走向成熟，企业可根据自身需要，适时适度地利用举债经营。为此企业也须付出一定数量的资金成本，从而构成财务费用的主要组成部分。

对财务费用进行分析，其目的是为了评价考核企业在财务费用方面的开支是否与预算（计划）相符合，超支或节约的原因是什么。通过财务费用分析，为企业本期财务费用的考核和下期的预算提供依据。

（二）财务费用分析的基本途径

同上述两项期间费用一样，对财务费用的具体分析也必须借助于财务费用明细表，表的格式见表6-11。

表6-11 信达公司财务费用明细表

2015年12月 （单位：元）

项　目	上年同期实际数	本月实际数	本年预算数	本年累计实际数
利息费用	8 140	8 975	116 750	102 300
减：利息收入	810	1 248	8 500	7 328
小计	7 330	7 727	108 250	94 972
汇兑损失	6 957	8 387	82 000	84 404
减：汇兑收益	2 523	5 827	38 400	29 764
小计	4 434	2 560	43 600	54 640
手续费	5 218	4 312	62 000	63 452
其他	—	—	—	—
合　计	16 982	14 599	213 850	213 064

财务费用的分析方法和过程与本节前述两种期间费用的分析基本一致，区别只在于每种费用包含的内容不同，因此分析问题的角度会各有侧重，评价各种费用管理水平高低所考虑的业务背景和依据不尽相同。

（三）财务费用分析举例

例 6-11 根据表6-11 所提供的数据，对信达公司财务费用进行简要分析。

从表6-11 中可以看出，总体上本年度财务费用实际发生额与本年预算基本持平，总体管理水平尚好（本月数与上年同期数的对比分析省略）。再分项目看，信达公司本年度利息收支及净额都比预算有所下降，按净额计算下降幅度为 12.3%。就其下降的原因，很可能是公司在资金周转的有关环节上做了许多努力，比如应收账款的回收加快，减少资金占压，从而减少了短期借款的使用，节约了利息费用。只要基本保证了生产经营资金的需求，节省利息支出就说明企业资金管理上有成绩，应继续发扬。

再看汇兑损益项目，与预算比较本年实际情况是汇兑损失增加，收益下降。按净损失计算，上升了 25.3%左右。这与企业业务中所使用的外币种类以及各自的汇率变化有直接的关系。从汇兑损失上升幅度过大看，企业在外币的管理和运作上还有薄弱之处，需要在外汇风险预测以及预防方面再下功夫，以尽量减少汇率变化带来的损失。

总之，信达公司本年度生产经营的融资费用实际低于预算，利息收支净额在财务费用总体中的比重从大约 50.6%（预算数）降到 44.6%左右。不过下降的份额被上升的汇兑净损失所冲抵，以致最终表现为财务费用总体水平的基本一致。成绩和不足都存在，如何巩固成绩，克服不足，应是该公司下一年度需要认真考虑的。

（四）财务费用分析中应注意的问题

财务费用是为筹集企业生产经营资金而发生的，费用的高低直接取决于企业负债的高低，特别是银行借款。只有在掌握了企业有关的背景资料的情况下，分析才能够比较深入透彻。因此，在进行财务费用分析时，必须结合企业生产经营对资金的需求程度以及外汇市场上汇率变化的风险情况。分析时需要注意以下两点：

（1）注意分析负债结构、借款利率、借款期限，以及与生产经营需要的相关度，看能否通过调整负债结构控制财务费用。

（2）注意分析资本结构、筹资成本、筹资效益，看能否通过改变筹资渠道控制财务费用。

至此，我们已比较具体地对制造费用和几种期间费用进行了分析，在项目分析上，既可逐项分析，也可挑选重点进行分析。一般来说，月份、季度进行重点项目分析，年度进行全面分析。总之，要以满足管理的要求为原则来开展费用分析工作。

企业管理费用分析

实训目标与能力要求

本实训目标是培养学生对企业成本费用进行分析的能力。其能力要求是：

（1）掌握企业成本费用分析指标的计算。

（2）能够灵活运用企业成本费用分析方法对案例进行分析操作。

实训方式与内容

根据案例资料和要求，计算有关分析指标，撰写专题分析报告（文档格式要求同前）。

实训步骤

（1）读懂案例资料，明确实训要求，编制 SY 公司管理费用分析表，将有关指标的计算结果填入表中。

（2）根据“公司管理费用分析表”和公司经营成果情况，对公司的管理费用支出水平分析评价，分析时同组同学应在一起进行交流、讨论，形成各自分析评价结论，并按要求形成分析报告。

（3）实训小组组长将小组成员的实训成果（分析报告）打包上传，由指导老师组织互评。

（4）指导老师根据学生实训成果的质量和互评结果确定实训成绩。

实训考核

根据学生选择计算分析方法的正确性、指标计算结果的准确性、分析报告写作和参与讨论情况进行评分。

引用案例

SY 公司财务经理靠什么平息了风波？

（一）基本案情

SY 是一家大型汽车配件生产企业，成立于 1997 年，主营业务为汽车零部件的生产。SY 经过近 10 年的发展，现已成为一汽大众的主要零配件供应商。2005 年 SY 实现销售收入 4.06 亿元，创净利 7 102 万元，是同行业中经济效益最好的企业。

2006 年年初，SY 根据市场反馈的信息和其自身发展的需要，决定加大科研投资，进行核心技术攻关，以抢占市场竞争制高点。经过公司 300 余名工程技术人员的艰苦努力，当年攻克 8 项技术难关，取得 5 项核心技术，极大地增强了公司市场竞争力。

然而，公司 2006 年在保持销售 8% 增长率的情况下，净利润不仅没有完成计划目标，而且较上年下降了 6.6%。一时间公司员工议论纷纷，甚至有员工到公司总部责问总经理，要总经理做出解释。最后，由公司财务经理向员工代表们提交了一份财务分析报告，才平息了议论风波。表 6-12 是公司财务经理所提交的财务分析报告中一张内部报表资料。

表 6-12　SY2006 年经营成果与管理费用明细表

（单位：万元）

项　目	计划数	实际数	上年数	项　目	计划数	实际数	上年数
经营成果：				招待费小计	120	116	132
营业收入	44 800	43 918	40 598	公司经费：			
营业成本	30 800	31 215	28 160	工资及福利费	300	301	297
营业税金及附加	330	341	283				
销售费用	500	489	512	工会经费	10	9	7
管理费用	1 200	2 133	1 052	失业保险费	18	19	18
财务费用	280	238	258	职工教育费	12	118	11
投资收益	310	329	305	办公费	54	55	56
营业外收支净额		69	−38	差旅及交通费	25	24	27

（续）

项　　目	计划数	实际数	上年数	项　　目	计划数	实际数	上年数
企业所得税	3 000	2 475	2 650	会议费	12	13	12
净利润	9 000	7 425	7 950	财产保险费	25	25	24
管理费用：				折旧费	72	72	72
科研费：				修理费	95	94	96
试验检验费	100	386	52	排污费	6	6	6
设计制图费	50	155	36	水电费	30	31	29
产品试制费	100	363	58	取暖费	30	30	29
技术研究费	100	275	55	其他	21	21	23
科研费小计	350	1 179	201	公司经费小计	710	818	707
招待费：				仓库经费：	12	13	13
外宾招待费	20	30	20	其他管理费：	8	7	9
企业招待费	100	86	112	管理费用合计	1200	2 133	1 062

（二）分析要点

从经营成果中净利润计划执行情况，查找未实现目标的主要因素；在明确影响净利润的主要因素后，编制管理费用分析表，对管理费用各项目的超支节约进行分析。

（三）问题探讨

（1）在本案例中，影响公司净利润目标实现的主要因素是什么？说明理由。

（2）如果你是公司的财务经理，打算从何处分析入手来平息公司员工的议论风波？

本章小结

成本费用表是企业的内部报表，对成本费用报表进行分析是会计报表分析的重要组成部分。对成本费用进行分析是企业经营管理的一项重要内容。通过成本费用分析，找出成本费用超支或下降的原因，为改善经营管理，降低耗费，提高经济效益服务。

成本报表分析是通过对完工产品实际成本与目标成本或同行业先进水平进行比较，从中确定超支或节约的差异，分析差异的原因，评价成本计划的完成情况，分清责任归属。

费用报表是通过对制造费用、销售费用、管理费用和财务费用与目标费用或计划费用进行比较，从中确定超支或节约的差异，分析差异的原因，评价费用目标或计划的完成情况，明确管理责任。

成本与费用管理是企业永恒的主题，许多企业由于管理不善，造成利润下滑甚至发生亏损。因此，要重视成本费用报表的分析，积极为企业生产经营管理出谋划策，努力履行会计职责。

课后复习与练习

一、复习思考题

1. 简述成本及费用报表分析的意义。
2. 简述成本及费用报表的种类有哪些。
3. 简述产品成本表分析的方法是什么，通过产品成本报表分析可以达到什么样的分析目的。
4. 简述可比产品成本分析方法的特点是什么。
5. 简述影响可比产品成本降低计划完成的主要因素有哪些。

二、习　题

（一）填空题

1. 产品成本分析主要包括对全部产品成本水平的分析和主要产品单位成本的________。
2. 产品生产成本表通常从________和________两个角度提供成本数据。
3. 一定种类和数量的产品总成本发生变动，主要原因可以归结为________、________和________三项因素的变动所致。
4. 制造费用中的工资福利费按费用特性属于________。
5. 企业管理费用按费用特性属于________。

（二）单项选择题

1. 在产品单位成本和品种结构不变的情况下，产量的增减会使（　　）发生等比例的增减。
   A. 成本降低率　　B. 成本降低额
   C. 单位成本降低额　　D. A 和 B 都会
2. 产品总成本按成本项目进行分析所采用的方法是（　　）。
   A. 比较分析法　　B. 结构分析法
   C. 因素分析法　　D. A 和 B 都用
3. 降低单位产品直接材料成本的根本途径是（　　）。
   A. 降低材料单价　　B. 降低单位产品直接材料消耗
   C. 提高劳动效率　　D. 增加产量
4. 降低单位产品直接人工成本的根本途径是（　　）。
   A. 降低工人工资　　B. 增加产量
   C. 提高劳动效率　　D. 增加劳动时间
5. 制造费用中工资福利费是（　　）。
   A. 变动性费用　　B. 固定性费用
   C. 中性费用　　D. 可有可无的费用
6. 降低制造费用中工资福利费的根本途径是（　　）。
   A. 降低车间管理人员工资　　B. 增加产量
   C. 提高劳动效率　　D. 提高车间生产效率
7. 提高企业管理费用效率的根本途径是（　　）。

A. 降低企业管理人员工资　　B. 增加产量
C. 增加营业收入　　D. 提高劳动生产效率

8. 下面说法正确的是（　　）。
A. 成本分析与费用分析所采用的方法是一致的，所不同的是分析内容不同
B. 制造费用与管理费用的分析方法是基本相同的
C. 销售费用与管理费用的特性是相同的
D. 财务费用与管理费用的特性是相同的

（三）多项选择题

1. 进行产品成本分析，通常运用的比较标准有（　　）。
A. 目标成本或计划成本　　B. 上年同期实际成本
C. 本企业历史先进成本水平　　D. 同行业先进成本水平
E. 同行业平均成本水平

2. 进行产品成本分析，一般包括（　　）等内容。
A. 确定成本超支或节约额　　B. 分析成本超降原因
C. 评价成本计划完成情况　　D. 明确责任，提出改进措施

3. 进行产品成本分析，一般采用（　　）。
A. 比较分析法　　B. 相对比率分析法
C. 结构比率分析法　　D. 因素分析法

4. 产品生产成本表通常分为（　　）。
A. 按产品成本项目反映的生产成本表　B. 按产品结构反映的生产成本表
C. 按产品种类反映的生产成本表　　D. 按产品批次反映的生产成本表

5. 产品总成本按成本项目进行分析主要从（　　）三方面进行。
A. 通过实际总成本与计划（预算）成本比较揭示差异
B. 通过与上年实际总成本比较揭示差异
C. 通过成本项目结构变动进行分析
D. 计算比较有关成本效益指标，评价成本获利水平

6. 产品总成本按产品种类进行分析主要从（　　）两方面进行。
A. 通过本期实际成本与计划（预算）成本进行对比
B. 通过本期实际成本与上年实际成本进行对比
C. 通过计算比较各类产品成本差异进行分析
D. 计算比较有关成本效益指标，评价成本获利水平

7. 本期实际成本与上年实际成本进行对比分析主要从（　　）两方面进行。
A. 与上年实际成本对比，分析可比产品成本变化情况
B. 通过可比产品成本降低计划执行情况
C. 通过计算比较各类产品成本差异进行分析
D. 计算比较有关成本效益指标，评价成本获利水平

8. 影响可比产品成本降低率变动的因素有（　　）。
A. 产品结构变动　　B. 产品的产量
C. 单位产品成本变动　　D. 全部产品的总成本

9. 通过销售费用的分析，可以对（　　）进行评价考核，也可以为今后改善销售工作提供依据。

A. 发生费用的功效　　　　B. 销售人员的业绩
C. 产品质量　　　　D. 企业管理水平

10. 企业财务费用包括（　　）。
A. 利息支出　　　　B. 汇兑损失
C. 利息收入　　　　D. 银行结算手续费

（四）判断题

（　　）1. 在产品单位成本和品种结构不变的情况下，产量的增减不会使成本降低额发生等比例的增减，但会导致成本降低率发生变动。
（　　）2. 企业进行成本分析所运用的比较标准是由财政部或行业总会统一制定的。
（　　）3. 制造费用中的工资福利费是变动性费用。
（　　）4. 提高管理费用和销售费用功效的途径是完全一致的。
（　　）5. 工资水平是影响产品人工成本的最关键因素。
（　　）6. “三包”损失从根本上反映的是企业产品质量状况。
（　　）7. 管理费用中的业务招待费用的发生与企业产品销售业务直接相关。
（　　）8. 企业的财务费用就是利息支出。
（　　）9. 财务费用的多少与企业的筹资政策有直接关系。

（五）计算分析题

1. 成本费用分析

资料：

（1）假设D公司2015年12月甲产品的实际产量为2 000件，预算生产能力为2 800件，标准产量为1 800件。

（2）甲产品标准成本见表6-13。

表6-13　甲产品标准成本表

项　　目	单位产品标准用量	标准比重	标准价格或小时费用率	单位标准成本/元
直接材料：				
A材料	6千克	0.4	12元/千克	72
B材料	9千克	0.6	7元/千克	63
直接材料合计	15千克	1		135
直接人工：				
中级工	1小时	0.25	8元/小时	8
初级工	3小时	0.75	3元/小时	9
直接人工合计	4小时	1		17
变动制造费用	4小时		7元/小时	28
固定制造费用	4小时		3元/小时	12
合　　计				192

标准总工时：7 200机器小时；标准固定制造费用总额：21 600元。

（3）甲产品实际产量和成本见表6-14。

表 6-14 甲产品实际产量和成本表

成本项目	实际总成本/元	实际总用量	单位产品实际用量	实际比重	实际价格或小时费用率	单位产品实际成本/元
直接材料：						
A 材料	152 460	12 600 千克	6.3 千克	0.417 2	12.1 元/千克	76.23
B 材料	126 720	17 600 千克	8.8 千克	0.582 8	7.2 元/千克	63.36
直接材料合计	279 180	30 200 千克	15.1 千克	1		139.59
直接人工：						
中级工	14 580	1 800 小时	0.9 小时	0.214 3	8.1 元/小时	7.29
初级工	19 140	6 600 小时	3.3 小时	0.785 7	2.9 元/小时	9.57
直接人工合计	33 720	8 400 小时	4.2 小时	1		16.86
变动制造费用	55 440	8 400 小时	4.2 小时		6.6 元/小时	27.72
固定制造费用	23 520	8 400 小时	4.2 小时		2.8 元/小时	11.76
合　计	391 860					195.93

要求：

（1）分别计算甲产品总成本、直接材料、直接人工、变动制造费用、固定制造费用的成本差异。

（2）对甲产品成本差异进行分析。

2. 管理费用分析

资料：假设 D 公司 2015 年的管理费用本年实际与上年实际明细及相关计算分析情况见表6－15。

表 6-15 D 公司管理费用明细表

（单位：元）

项　目	本年实际	上年实际	本年比上年		各项目占总体比重	
			增减金额	变动（%）	本年数（%）	上年数（%）
公司经费	153 736	160 612	－6 876	－4.28	42.70	51.14
其中：工资	85 000	82 000	3 000	3.66	23.61	26.11
折旧费	17 398	12 385	5 013	40.48	4.83	3.94
修理费	4 651	2 045	2 606	127.43	1.29	0.65
低值易耗品摊销	2 000	6 745	－4 745	－70.35	0.56	2.15
办公费	16 552	21 487	－4 935	－22.97	4.60	6.84
差旅费	13 368	10 064	3 304	32.83	3.71	3.20
保险费	10 650	8 828	1 822	20.64	2.96	2.81
其他	4 117	17 058	－12 941	－75.86	1.14	5.43

（续）

项　　目	本年实际	上年实际	本年比上年		各项目占总体比重	
			增减金额	变动（%）	本年数（%）	上年数（%）
工会经费	2 530	2 256	274	12.15	0.70	0.72
职工培训费	3 276	1 183	2 093	176.92	0.91	0.38
董事会费	2 032	4 965	-2 933	-59.07	0.56	1.58
诉讼费	7 396		7 396		2.05	0.00
业务招待费	20 308	32 100	-11 792	-36.74	5.64	10.22
税金	8 200	12 375	-4 175	-33.74	2.28	3.94
直接人工：						
中级工	14 580	1 800 小时	0.9 小时	0.214 3	8.1 小时	7.29
初级工	19 140	6 600 小时	3.3 小时	0.785 7	2.9 元/小时	9.57
研究开发费	100 000	80 000	20 000	25.00	27.78	25.47
坏账损失	35 600	12 000	23 600	196.67	9.89	3.82
存货盘亏（减盘盈）	21 000	5 260	15 740	299.24	5.83	1.67
其他	5 922	3 289	2 633	80.05	1.65	1.05
合　　计	360 000	314 040	45 960	14.64	100.00	100.00

要求：对D公司管理费用的变动情况进行分析。

3. 财务费用分析

资料：假设D公司2015年的财务费用预算与实际明细及其相关计算分析情况见表6-16。

表6-16　D公司财务费用明细表

（单位：元）

项　　目	本年预算数	本年实际数	实际比预算	
			增减金额	变动（%）
利息费用	78 000	77 580	-420	-0.54
减：利息收入	32 800	32 680	-120	-0.37
小　　计	45 200	44 900	-300	-0.66
汇兑损失	67 800	194 770	126 970	187.27
减：汇兑收益	195 000	25 670	-169 330	-86.84
小　　计	-127 200	169 100	296 300	-232.94
手续费	85 000	86 000	1 000	1.18
其他			0	
合　　计	3 000	300 000	297 000	99 倍

要求：对D公司财务费用预算完成情况进行分析。

第七章　会计报表综合分析

通过本章的学习，明确会计报表综合分析的意义，熟悉会计报表综合分析的内容，掌握会计报表综合分析的方法，能运用杜邦财务分析体系、国有资本金绩效评价体系和企业风险评价指标，对企业的综合财务状况、经营绩效和风险程度做出评价。

能够运用杜邦财务分析体系、国有资本金绩效评价体系和企业风险评价指标，对企业的综合财务状况、经营绩效和风险程度进行实际评价与判断。

教学引导

企业的财务活动是一个综合的有机整体，仅计算分析单个报表中的几个简单、孤立的财务比率，或者将这些孤立的财务指标简单堆砌在一起是远远不够的，是无法全面、系统、综合地了解和把握企业的财务状况和经营状况的。只有将企业的营运能力、偿债能力和盈利能力等各项分析指标有机地联系起来，作为一套完整的体系，进行系统地综合评价分析，才能对企业财务状况、经营成果的优劣高低做出合理的评价。会计报表综合分析的最终目的就是全面地、系统地、综合地揭示企业的财务状况、经营成果和现金流量，对企业的经营及财务活动做出综合评价。

那么会计报表综合分析都包括哪些内容，通过会计报表综合分析都能获得哪些资讯，则是本章所述主要内容。

第一节 会计报表综合分析概述

一、会计报表综合分析的意义

会计报表综合分析就是将营运能力、偿债能力和盈利能力及发展趋势等诸方面的分析纳入一个有机的整体之中，全方位地评价企业的财务状况、经营成果和现金流量情况，从而对企业经济效益做出准确的评价与判断。

美国《商业周刊》用八个主要的财务成果指标对世界500强进行了排名。首先，销售及利润的增长率和股东的收益率是必须要考虑的指标。其次，为了着重强调公司从经营中赚取最大利润的能力，将利润率和权益收益率也作为分析的指标之一。财务分析的目的在于全方位地揭示企业经营理财的状况，进而评价企业的经济效益，并对未来的经营做出预测与指导。企业的偿债能力、盈利能力等指标，所揭示的仅是企业经济效益与财务状况的某一侧面的信息，只有运用联系的观点，进行系统评价，才能从总体上把握企业的财务状况与经营成果。因此，只有将企业偿债能力、营运能力、盈利能力及发展趋势等各项分析指标有机地联系起来，作为一套完整的体系，相互配合使用，做出系统的综合评价，才能从总体上对财务活动做出总结。

二、会计报表综合分析的特点

会计报表综合分析与前述的各种报表分析相比，具有以下特点：

1. 分析的方法不同

单项分析是通过由一般到个别，把企业财务活动的总体分解为若干个具体部分，然后逐一加以考查分析；而综合分析则是通过归纳、综合，对个别财务现象从盈利能力、偿债能力及营运能力等诸方面进行总体分析的要求。因此，单项分析具有实务性和实证性，而综合分析具有高度的抽象性和概括性，着重从整体上概括财务状况的本质特征。

综合分析要以各单项分析指标及其各指标要素为基础，各单项指标要素及计算必须真实、全面和适当，所设置的评价指标必须符合企业盈利能力、偿债能力及营运能力等诸方面总体分析的要求。

2. 分析重点和基准不同

单项分析的重点和比较基准是财务计划、财务理论标准；而综合评价的重点和基准是企业整体发展趋势，两者角度是有区别的。由于分析的重点与基准不同，单项分析通常把每个分析的指标视为同等重要的地位来处理，通常不考虑各种指标之间的相互关系。而会计综合分析强调各种指标有主辅之分，各主辅指标功能应相互协调匹配。

把综合评价同单项分析加以区分，在管理上是十分必要的，有利于会计报表分析者把握企业财务的全面状况，而不至于将精力只局限于个别的具体问题上。

三、会计报表综合分析的原则

企业的内部经济活动与外部环境紧密相连，影响企业经营与财务活动的因素很多，要成功地分析把握企业总体的财务状况和经营成果，在进行会计报表综合分析时，应遵循一定的原则。这些原则，具体表现在综合财务分析指标体系的设置和综合分析方法的运用两个方面。

1. 综合财务分析指标体系的设置原则

综合分析企业的整体能力，应设置评价指标。综合财务分析指标体系设置原则包括：

（1）综合性原则。设置的指标要素，必须能够综合反映企业的财务状况和经营状况。

（2）重要性原则。在指标体系中，必须明确主要指标与辅助指标的地位。

（3）有用性原则。指标体系所提供的资讯，应能满足各方需要。

2. 综合分析方法的运用原则

（1）信息资料充分原则。只有充分地获取分析所需的信息资料，才能做出正确的分析结论。

（2）定性分析与定量分析相结合原则。

（3）静态分析与动态分析相结合原则。

四、会计报表综合分析的内容和方法

（一）会计报表综合分析的内容

会计报表综合分析，主要是就企业的综合财务状况、企业绩效和企业风险进行评价。

（1）企业的综合财务状况评价，是通过反映企业财务状况的各主要财务比率的内在联系，来全面、系统、综合地评价企业的财务状况。

（2）企业绩效评价，就目前我国的实际，主要是对国有资本金绩效进行评价。具体内容将在本章第三节中阐述。

（3）企业风险评价，是就企业的经营风险和财务风险进行评价。具体内容将在本章第四节中阐述。

（二）会计报表综合分析的主要方法

会计报表综合分析主要有杜邦分析法、沃尔评分法、雷达图分析法等。

1. 杜邦分析法

杜邦分析法又称杜邦财务分析体系，是利用各主要财务比率的内在联系，对企业财务状况和经营状况进行综合分析和评价的方法。杜邦财务分析体系是以净资产收益率为核心指标，重点揭示企业盈利能力及其原因。因其最初由美国杜邦公司成功运用而得名。

2. 沃尔评分法

沃尔评分法又称评分综合法，是将七种财务比率，分别给定了其在总评价中所占的分值，总和为 100 分，然后确定标准比率，并与实际进行比较，评出每项指标的实际得分，最后求出总评分，以总评分来评价企业的财务状况。

3. 雷达图分析法

雷达图分析法是将企业各方面主要财务分析指标进行汇总，绘成一张直观的财务分析雷达图形，即以雷达图形的方式表达企业各方面的主要财务分析指标，借以综合反映企业总体财务状况，探测企业经营症状，并指导企业经营的方法。

上述三种方法运用最广泛的是杜邦分析法和沃尔评分法，我国企业绩效评价操作细则就是采用了沃尔评分法的基本原理和评分程序。故此，本教材只就杜邦财务分析体系和企业绩效评价指标体系进行讲述。

第二节 杜邦财务分析体系

一、杜邦财务分析体系的内容

1. 杜邦财务分析体系的基本意义

企业的各项财务活动、各项财务指标是相互联系并且相互影响的，这就要求财务分析人员将企业财务活动看作一个大系统，对系统内相互依存、相互作用的各因素进行综合分析。杜邦财务分析体系就是利用各种主要财务比率指标之间的内在联系，来综合分析企业财务状况的方法。

2. 杜邦财务分析体系的特点

杜邦财务分析体系的特点在于：它是通过几种主要的财务比率之间的相互联系，全面、系统、直观、综合地反映企业的财务状况，从而大大节省了报表使用者的时间。

3. 杜邦财务分析体系的内容

杜邦财务分析体系是采用“杜邦图”，将有关分析指标按内在联系排列，杜邦图如图7－1所示。

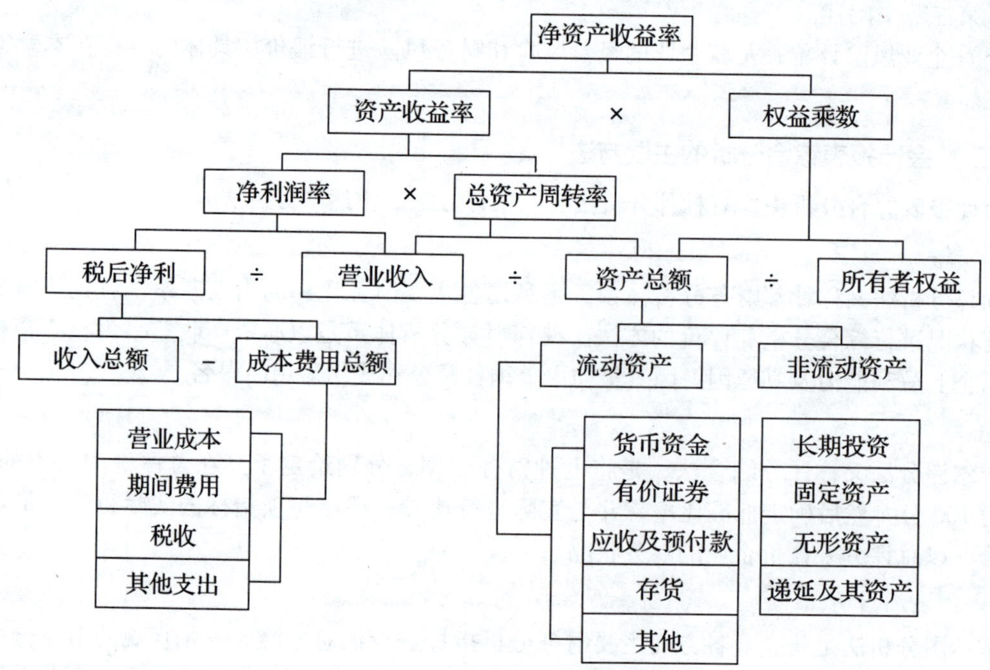

图7-1 杜邦财务分析体系图

从图7－1可以看出，杜邦财务分析图反映了以下几种主要的财务指标关系：

净资产收益率＝净利润/净资产平均值×100%

＝(净利润/资产平均总值×100%)×(资产总额/所有者权益)

＝总资产利润率×权益乘数 (1)

总资产净利率＝(净利润/营业收入)×(营业收入/资产平均总值)

＝净利润率×总资产周转率 (2)

权益乘数＝(资产总额/所有者权益)=[1/(1－资产负债率)]

二、杜邦财务分析体系图的启示

杜邦财务分析体系图直观地反映了企业各项财务指标关系，由上述式(1)、式(2)可知：净资产收益率＝净利润率×总资产周转率×权益乘数。即决定净资产收益率的因素有三个：净利润率、总资产周转率和权益乘数。从中可以得到以下启示：

(1)净资产收益率是一个综合性最强的财务分析指标，它反映了股东财富最大化的财务管理目标，反映了所有者投入资本的盈利能力。从杜邦财务分析体系图中可以看出，要想提高净资产收益率就必须提高主营业务利润率或加速资产的周转，或者提高权益乘数。

(2)净利润率是影响所有者报酬率的主要因素，它反映了营业收入的收益水平。从图7－1中可以看出，净利润率受营业收入和净利润两方面的影响，其中净利润与净利润率成正比关系，营业收入与净利润率成反比关系。由此可见，提高净利润率必须在以下两个方面下功夫：一是开拓市场，增加营业收入；二是加强成本费用控制，降低耗费，增加利润。

(3)总资产周转率是影响净资产收益率的另一个主要因素，它反映企业运用资产获取收入的能力。资产周转越快，通常说明企业营运能力越强，资产的使用效率越高。从图7－1中可以看出，资产周转率受营业收入规模和资产总额两方面的影响。其中资产又由长期资产、流动资产等各部分组成，各部分占用量是否合理，也影响着各资产组成部分的使用效率。为此，企业要想提高资产的周转率，一方面要扩大销售，另一方面要合理配置资产。

(4)权益乘数是影响净资产收益率的又一个主要因素，它反映企业的负债程度。负债比例越大，权益乘数就越高，就能给企业带来较多的杠杆利益，同时也会给企业带来较多的财务风险。因此，要求企业应有合理的资本结构。

(5)杜邦财务分析体系是一种对财务指标进行联系和分解的方法，而不是另外建立新的财务指标。通过对财务比率的分解，指出变动的原因和变动方向，为采取措施提供指导。

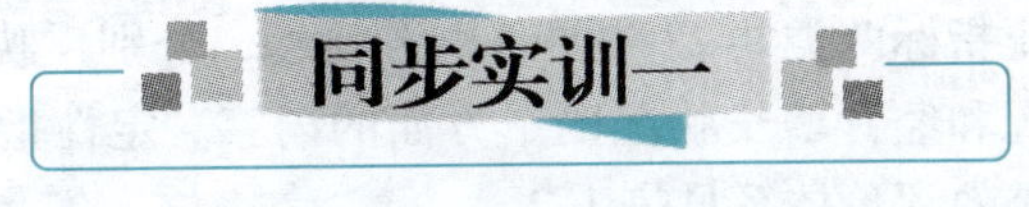

企业综合财务状况评价

实训目标与能力要求

本实训目标是培养学生运用杜邦分析体系对企业综合财务状况进行分析的能力。其能力要求是：

(1)掌握杜邦分析体系的构建和数据的获取。

（2）能够运用杜邦分析体系对企业综合财务状况做出评价。

实训方式与内容

在第一章同步实训分行业、分小组和取得的各自公司基础资料和数据资料的基础上，结合项目二～项目五实训取得的成果，对公司的综合财务状况进行分析评价，撰写综合财务状况分析报告（文档格式要求同前），参加讨论与讲评。

实训步骤

（1）根据各自公司近三年杜邦分析体系图，将相关指标数据填入比较分析表中。

（2）查找同行业相关指标平均值，填入计算分析表中。

（3）根据比较分析表和公司利润表、资产负债表，对公司综合财务状况进行分析评价；分析时同组同学应在一起进行交流、讨论，形成各自分析评价结论，并按要求形成分析报告。

（4）实训小组组长将小组成员的实训成果（分析报告）打包上传，由指导老师组织互评。

（5）指导老师根据学生实训成果的质量和互评结果确定实训成绩。

实训考核

根据学生选择计算分析方法的正确性、指标计算结果的准确性、分析报告写作和参与讨论情况进行评分。

第三节 企业绩效评价体系

一、企业绩效评价指标体系

为了进一步加强企业监督管理，规范企业经营绩效评价行为，完善企业绩效评价方法，科学、客观和公正地评价企业绩效，2006年9月，国务院国有资产监督管理委员会颁布的《中央企业综合绩效评价实施细则》（国资发评价〔2006〕157号）采用了沃尔评分法的基本原理和评分程序。

前述第一章已讲到，企业绩效评价的指标体系由定量指标和定性指标两大部分组成。其中，定量指标分基本指标和修正指标两类共22项具体财务指标，分别反映了企业盈利能力状况、资产质量状况、债务风险状况和经营增长状况四个方面的内容。定性指标包括经营者基本素质等八项评议指标。整个企业绩效评价体系见表1-2。

二、企业绩效的评价步骤

企业绩效评价的过程可分为五个步骤：

（一）基本指标的评价

基本指标反映企业的基本状况，是对企业效益的初步评价。基本指标评价的参照水平即标准值由国务院国有资产监督管理委员会统计评价局制定，定期颁布，分为五档。不同行业、不同规模的企业有不同的标准值。例如，2014 年金属加工机械制造业绩效评价标准值见表 7-1。

表 7-1 金属加工机械制造业绩效评价基本指标标准值

项目 \ 档次（标准系数）	优秀（1）	良好（0.8）	平均值（0.6）	较低值（0.4）	较差值（0.2）
一、财务效益状况					
净资产收益率（%）	14.5	10.5	5.5	-2.0	-6.3
总资产报酬率（%）	7.1	5.1	3.3	0.6	-2.7
二、资产质量状况					
总资产周转率	1.6	1.0	0.7	0.5	0.3
应收账款周转率	2.3	1.5	0.9	0.6	0.5
三、债务风险状况					
资产负债率（%）	50.0	55.0	60.0	70.0	85.0
已获利息倍数	5.8	4.4	2.6	1.2	-1.3
四、经营增长状况					
销售（营业）增长率（%）	24.9	18.4	10.9	0.6	-10.4
资本保值增值率（%）	27.1	16.1	4.2	-1.5	-10.8

1. 单项指标得分的计算

单项基本指标得分 = 本档基础分 + 本档调整分

其中：本档基础分 = 指标权数 × 本档标准系数

调整分 = [（实际值 - 本档标准值）÷（上档标准值 - 本档标准值）] ×（上档基础分 - 本档基础分）

上档基础分 = 指标权数 × 上档标准系数

例 7-1 B 公司是一家大型金属加工机械制造企业，2014 年平均净资产 100 000 万元，当年净利 13 800 万元，净资产收益率为 13.8%；该净资产收益率已达到“良好值”（10.5%）水平。可以得到基础分；它处于“优秀值”档（14.5%）和“良好值”档（10.5%）之间，需要调整。

本档基础分 = 指标权数 × 本档标准系数 = 20 × 0.8 = 16（分）

调整分 = [（实际值 - 本档标准值）/（上档标准值 - 本档标准值）] ×（上档基础分 - 本档基础分）

= [（13.8% - 10.5%）/（14.5% - 10.5%）] ×（20 × 1 - 20 × 0.8）

= （3.3%/4.0%）×（20 - 16）

= 3.3（分）

净资产收益率指标得分 = 16 + 3.3 = 19.3（分）

其他基本指标得分的计算方法与此相同，不再举例。

2. 基本指标总分的计算

分类指标得分 = $\sum$ 类内各项基本指标得分

基本指标得分 = $\sum$ 各类基本指标得分

例 7-2 假设B公司单项基本指标得分的计算结果见表7-2第3列，则“分类指标得分”见表7-2第4列。

表7-2 B公司单项基本指标得分计算

类　别	基本指标（100）	单项指标得分	分类指标得分
一、财务效益状况	净资产收益率（20） 总资产报酬率（14）	19.30 11.00	30.30
二、资产质量状况	总资产周转率（10） 应收账款周转率（12）	7.70 8.40	16.10
三、债务风险状况	资产负债率（12） 已获利息倍数（10）	10.00 8.00	18.00
四、经营增长状况	销售收入增长率（12） 资本保值增值率（10）	10.10 9.00	19.10
基本指标总分			83.50

（二）修正系数的计算

基本指标有较强的概括性，但是不够全面。为了更全面地评价企业效益，另外设置了4类12项修正指标，根据修正指标的高低计算修正系数，用得出的系数去修正基本指标部分。修正指标的标准值同基本指标标准值一样由国务院国有资产监督管理委员会统计评价局制定，定期颁布，分为五档。不同行业、不同规模的企业有不同的标准值。例如，2014年金属加工机械制造业绩效评价修正指标标准值见表7-3。

表7-3 金属加工机械制造业绩效评价修正指标标准值

项目＼档次（标准系数）	优秀（1）	良好（0.8）	平均值（0.6）	较低值（0.4）	较差值（0.2）
一、财务效益状况					
销售利润率（%）	24.4	21.1	11.4	8.4	0.3
盈余现金保障倍数	10.0	4.5	1.1	-0.9	-3.5
成本费用利润率(%)	12.6	8.9	4.4	0.5	-10.0
资本收益率（%）	14.9	11.0	6.1	-0.8	-9.5
二、资产质量状况					
不良资产比率（%）	0.1	0.7	3.4	7.8	15.2
流动资产周转率（次）	2.3	1.5	0.9	0.6	0.5
资产现金回收率（%）	11.5	7.4	1.6	-3.0	-8.3
三、债务风险状况					

（续）

项目 \ 档次（标准系数）	优秀（1）	良好（0.8）	平均值（0.6）	较低值（0.4）	较差值（0.2）
速动比率（%）	136.1	123.3	74.8	57.9	46.3
现金流动负债比率（%）	14.7	8.8	2.6	-3.4	-11.1
四、经营增长状况					
销售利润增长率（%）	35.0	25.6	18.3	6.5	-1.5
总资产增长率（%）	24.5	16.8	8.7	3.4	-9.5
技术投入比率（%）	7.1	5.3	3.4	2.5	0.9

修正指标计分方法是在基本指标计分结果的基础上，运用修正指标对企业绩效基本指标计分结果做进一步调整。修正指标的计分方法仍运用功效系数法原理，以各部分基本指标的评价得分为基础，计算各部分的综合修正系数，再据此计算出修正指标分数。

1. 单项加权修正系数的计算

某指标加权修正系数＝（修正指标权数/该部分权数）×该指标单项修正系数

某指标单项修正系数＝1.0＋（本档标准系数＋功效系数×0.2－该部分基本指标分析系数）

功效系数＝（指标实际值－本档标准值）/（上档标准值－本档标准值）

该部分基本指标分析系数＝该部分基本指标得分/该部分权数

例 7-3 假设 B 公司 2014 年销售利润率为 22.4%，已达到“良好值”（21.1%）水平。则该项指标的加权修正系数计算过程如下：

财务效益状况基本指标分析系数＝30.3÷34＝0.89

销售利润率指标功效系数＝（22.4－21.1）÷（24.4－21.1）＝0.39

销售利润率修正系数＝1.0＋（0.8＋0.39×0.2－0.89）＝0.99

销售利润率指标加权修正系数＝（10÷34）×0.99＝0.29

其他单项指标的加权修正系数的计算方法与此相同，不再列举。

2. 综合修正系数的计算

综合修正系数＝$\sum$ 该部分各指标加权修正系数

例 7-4 假设 B 公司单项修正指标加权系数的计算结果见表 7-4 第 3 列，则“综合修正系数”见表 7-4 第 4 列。

表 7-4 B 公司单项修正指标加权系数与综合系数计算结果

类别	修正指标（100）	单项指标加权系数	综合修正系数
一、财务效益状况（34）	销售利润率（10）	0.29	0.93
	盈余现金保障倍数（9）	0.20	
	成本费用利润率（8）	0.25	
	资本收益率（7）	0.19	
二、资产质量状况（22）	不良资产率（9）	0.26	0.94
	流动资产周转率（7）	0.25	
	资产现金回收率（6）	0.43	

（续）

类　别	修正指标（100）	单项指标加权系数	综合修正系数
三、债务风险状况（22）	速动比率（6）	0.29	0.96
	现金流动负债比率（6）	0.23	
	带息负债比率（5）	0.30	
	或有负债比率（5）	0.14	
四、经营增长状况（22）	销售利润率（10）	0.36	0.95
	总资产增长率（7）	0.33	
	技术投入比率（5）	0.26	

（三）修正后得分的计算

根据分类指标基本得分和分类综合修正系数可计算定量指标的最终得分，其计算公式为

$$各分类指标修正后得分 = 该类基本指标分数 \times 该类指标综合修正系数$$

$$修正后总得分 = \sum 四部分修正后得分$$

例 7-5　假设B公司各类基本指标和分类综合修正系数见表7-5，可计算出修正后定量指标的总得分。

表 7-5　修正后得分的计算

项　目	分类修正系数	基本指标得分	修正后得分
财务效益	0.93	30.30	28.18
资产营运	0.94	16.10	15.1
偿债能力	0.96	18.00	17.2
发展能力	0.95	19.10	18.1
修正后定量指标总分			78.58

（四）定性指标的计分方法

1. 定性指标的内容

单项定性指标有8个，分别赋予一定权数；评议时分为5个等级，每个等级规定有相应的参数；评议员不少于5人。表7-6是一个评议员给出的各项指标的等级。

表 7-6　评议指标等级表

评议指标	权　数	等级（参数）				
		优（1）	良（0.8）	中（0.6）	底（0.4）	差（0.2）
1. 战略管理	18		√			
2. 发展创新	15			√		
3. 经营决策	16		√			
4. 风险控制	13			√		
5. 基础管理	14				√	

（续）

评议指标	权 数	等级（参数）				
		优（1）	良（0.8）	中（0.6）	底（0.4）	差（0.2）
6. 人力资源	8	√				
7. 行业影响	8			√		
8. 社会贡献	8		√			

2. 计算单项评议指标得分

单项评议指标分数 = ∑（单项评议指标权数×各评议员给定等级参数）/评议员人数

假设评议员有5人，对“战略管理”的评议结果为：优等2人，良等3人。

战略管理评议指标得分 =（18×1+18×1+18×0.8+18×0.8+18×0.8）÷5=79.2÷5=15.8

其他指标的算法与上述方法相同，不再举例。

3. 评议指标总分的计算

评议指标总分 = ∑ 单项评议指标得分

前面已计算出“战略管理”评议得分为15.8，假设其他7项评议分别为14、11、12、10、10、8和7。则评议指标总分=15.8+14+11+12+10+10+8+7=87.8

（五）综合评价的计分方法和最终评价结果的分数

1. 综合评价的计分方法

综合评价得分 = 财务绩效指标修正后得分×70% + 管理绩效指标得分×30%

例7-6 例7-5中B公司综合评价得分=78.58×70%+87.8×30%=81.346≈81

2. 综合评价结果的分级

综合评价的结果，用五等十级制表达（见表7-7）。根据资金绩效评级表，B公司综合得分82分，则其资金绩效等级属于B+级。

表7-7 资金绩效评级表

等 别	级 别	分 数
A	A++	95~100
	A+	90~94
	A	85~89
B	B+	80~84
	B	75~79
	B-	70~74
C	C	60~69
	C-	50~59
D	D	40~49
E	E	39分以下

第四节 企业风险评价

市场经济条件下，任何企业的生产经营，都不可避免地要受到来自市场不确定因素的影响，这种不确定因素，就是企业所面临的风险。风险对企业的影响主要是通过对企业盈利能力的影响起作用的。由于风险的存在，使企业的盈利能力具有可变性，风险越大，可变性就越大。同一盈利水平，风险越大，价值越低；风险越小，价值越高。企业所面临的总风险是经营风险与财务风险的乘积。

一、经营风险和财务风险

（一）经营风险

经营风险指企业因经营上的原因而导致利润变动的风险。影响企业经营风险的因素很多，主要有：

1. 产品需求

市场对企业产品的需求越稳定，经营风险就越小；反之经营风险就越大。

2. 产品售价

产品售价变动不大，经营风险则小；否则经营风险便大。

3. 产品成本

产品成本是收入的抵减，成本不稳定，会导致利润不稳定，因此产品成本变动大的，经营风险就大；反之经营风险就小。

4. 调整价格的能力

当产品成本变动时，若企业具有较强的调整价格的能力，经营风险就小；反之经营风险则大。

5. 固定成本的比重

在企业全部成本中，固定成本所占比重较大时，单位产品分摊的固定成本额就多，若产品量发生变动，单位产品分摊的固定成本会随之变动，最后导致利润更大幅度的变动，经营风险就大；反之经营风险就小。

（二）财务风险

企业在负债经营中，不论利润多少，债务利息是不变的。于是，当利润增大时，每一元利润所负担的利息就会相应地减少，从而使投资者收益有更大幅度的提高。这种债务对投资者收益的影响称为财务杠杆。

财务风险是指全部资本中债务资本比率的变化带来的风险。当债务资本比率较高时，投资者将负担较多的债务成本，并经受较多的负债作用所引起的收益变动的冲击，从而加大财务风险；反之，当债务资本比率较低时，财务风险就小。

二、经营杠杆分析

在上述影响企业经营风险的诸因素中，固定成本比重的影响很重要。所谓经营杠杆就是由于固定成本的存在，销售变动对利润产生的影响。由于经营杠杆对经营风险的影响最为综合，因此常常被用来衡量经营风险的大小。

经营杠杆的大小一般用经营杠杆系数表示，它是企业计算利息和所得税之前的盈余（简称息前税前盈余）变动率与销售额变动率之间的比率。计算公式为

$$DOL=(\Delta EBIT/EBIT)/(\Delta Q/Q)$$

式中 DOL——经营杠杆系数；

ΔEBIT——息税前盈余变动额；

EBIT——变动前息税前盈余

ΔQ——销售变动量；

Q——变动前销售量。

假使企业的“成本—销售—利润”保持线形关系，可变成本在主营业务收入中所占的比例不变，固定成本也保持稳定，经营杠杆系数便可通过销售额和成本来表示。这又有两种公式：

$$\text{公式 1：} DOL_q=Q(P-V)/[Q(P-V)-F]$$

式中 DOL_q——销售量为 Q 时的经营杠杆系数；

P——产品单位销售价格；

V——产品单位变动成本；

F——总固定成本。

$$\text{公式 2：} DOL_s=(S-VC)/(S-VC-F)$$

式中 DOL_s——销售额为 S 时的经营杠杆系数；

S——销售额；

VC——变动总成本。

在实际工作中，公式 1 可用于计算单一产品的经营杠杆系数；公式 2 除了用于单一产品外，还可用于计算多种产品的经营杠杆系数。

例 7-7 某企业生产 A 产品，固定成本为 60 万元，变动成本率为 40%，当企业的销售额分别为 400 万元，200 万元，100 万元时，经营杠杆系数分别为：

$DOL(1)=[400-400\times40\%]/(400-400\times40\%-60)=1.33$

$DOL(2)=[200-200\times40\%]/(200-200\times40\%-60)=2$

$DOL(3)=(100-100\times40\%)/(100-100\times40\%-60)=\infty$

以上结果表达着这样一些问题：

(1) 在固定成本不变的情况下，经营杠杆系数说明了销售额增长（减少）所引起利润增长（减少）的幅度。比如，DOL（1）说明在销售额 400 万元时，销售额的增长（减少）会引起利润 1.33 倍的增长（减少）；DOL（2）说明在销售额 200 万元时，销售额的增长（减少）将引起利润的 2 倍的增长（减少）。

(2) 在固定成本不变的情况下，销售额越大，经营杠杆系数越小，经营风险也就越小；反之，销售额越小，经营杠杆系数越大，经营风险也就越大。比如，当销售额为 400 万元时 DOL（1）为 1.33；当销售额为 200 万元时，DOL（2）为 2。显然后者利润的不稳定性大于前者，故而后者的经营风险大于前者。

(3) 在销售额处于盈亏临界点前的阶段，经营杠杆系数随销售额的增长而递增；在销售额

处于盈亏临界点后的阶段，经营杠杆系数随销售额的增长而递减；当销售额达到盈亏临界点时，经营杠杆系数趋近于无穷大。如DOL（3）的情况，此时企业经营只能保本，若销售额稍有增加便可出现盈利，若销售额稍有减少便会发生亏损。

企业一般可以通过增加销售额、降低产品单位变动成本、降低固定成本比重等措施使经营杠杆系数下降，降低经营风险，但这往往要受到条件的制约。

三、财务杠杆分析

所谓财务杠杆就是由于固定财务费用的存在，债务变动对普通股每股利润的影响。与经营杠杆作用的表示方法类似，财务杠杆作用的大小通常用财务杠杆系数表示。财务杠杆系数越大，表明财务杠杆作用越大，财务风险也就越大；财务杠杆系数越小，表明财务杠杆作用也就越小。财务杠杆系数的计算公式为

$$DFL = (\Delta EPS/EPS)/(\Delta EBIT/EBIT)$$

式中　DFL—— 财务杠杆系数；

ΔEPS—— 普通股每股收益变动额；

EPS—— 变动前的普通股每股收益；

ΔEBIT—— 息前税前盈余变动额；

EBIT—— 变动前的息前税前盈余。

上述公式还可以推导为

$$DFL = EBIT/(EBIT - I)$$

式中　I—— 债务利息及优先股股息。

例7-8　E、F、G为三家经营业务相同的公司，它们的有关情况见表7-8。

表7-8　财务杠杆计算分析表

（单位：元）

项目＼公司	E	F	G
普通股本	2 000 000	1 500 000	1 000 000
发行股数	20 000	15 000	10 000
债务（利率8%）	0	500 000	1 000 000
资本总额	2 000 000	2 000 000	2 000 000
息前税前盈余	200 000	200 000	200 000
债务利息	0	40 000	80 000
税前盈余	200 000	160 000	120 000
所得税（税率25%）	50 000	40 000	30 000
税后盈余	150 000	120 000	90 000
财务杠杆系数	1	1.25	1.67
每股普通股收益	7.5	8	9
息前税前盈余增加	200 000	200 000	200 000
债务利息	0	40 000	80 000
税前盈余	400 000	360 000	320 000
所得税（税率25%）	100 000	90 000	80 000
税后盈余	300 000	310 000	240 000
每股普通股收益	15	20.67	24

(1) 财务杠杆系数表明的息税前盈余增长所引起的每股收益的增长幅度。比如，E公司的息税前盈余增长1倍时，其每股收益增长1倍（13.4/6.7－1）；F公司的息税前盈余增长1倍时，其每股收益增长1.25倍（16.08/7.15－1）；G公司的息税前盈余增长1倍时，其每股收益增长1.67倍（21.44/8.04－1）。

(2) 在资本总额、息税前盈余相同的情况下，负债比率越高，财务杠杆系数越高，财务风险越大，但预期每股收益（投资者收益）也越高。比如，F公司比起E公司来，负债比率高（F公司资本负债率为500 000/2 000 000×100%＝25%，E公司资本负债率为0），财务杠杆系数高（F公司为1.25，E公司为1），财务风险大，但每股收益也高（F公司为7.15元，E公司为6.7元）；G公司比起F公司来，负债比率高（G公司资本负债率为1 000 000/2 000 000×100%＝50%），财务杠杆系数高（G公司为1.67），财务风险大，但每股收益也高（G公司为8.04元）。

负债比率是可以控制的。企业可以通过合理安排资本结构，适度负债，使财务杠杆利益抵消风险增大所带来的不利影响。

四、混合杠杆分析

从以上介绍可以知道，经营杠杆通过扩大销售影响息税前盈余，而财务杠杆通过扩大息税前盈余影响收益。如果两种杠杆共同起作用，那么销售额稍有变动就会使每股收益产生更大的变动。通常把这两种杠杆的连锁作用称为混合杠杆作用。所谓混合杠杆就是由于同时存在固定成本和固定财务费用，经营杠杆和财务杠杆效应共同发生，使销售的变动对普通股每股利润产生的影响。

混合杠杆作用的程度，可用总杠杆系数（DTL）表示，它是经营杠杆系数和财务杠杆系数的乘积。其计算公式为

$$\mathrm{DTL} = \mathrm{DOL} \times \mathrm{DFL}$$

$$= Q(P-V)/[Q(P-V)-F-I]$$

或

$$= (S-\mathrm{VC})/(S-\mathrm{VC}-F-I)$$

例如，甲公司的经营杠杆系数为2，财务杠杆系数为1.5，总杠杆系数为2×1.5＝3。

混合杠杆作用的意义主要体现在以下两个方面。第一，混合杠杆能够估计出销售额变动对每股收益造成的影响。比如，上述甲公司销售额每增长（减少）1倍，就会造成每股收益增长（减少）3倍。第二，混合杠杆使我们看到了经营杠杆与财务杠杆之间的相互关系，即为了达到某一总杠杆系数，经营杠杆和财务杠杆可以有很多不同的组合。比如，经营杠杆度较高的公司可以在较低的程度上使用财务杠杆；经营杠杆度较低的公司可以在较高的程度上使用财务杠杆等。这有待公司在考虑了各个有关的具体因素之后做出选择。

企业风险分析与评价

实训目标与能力要求

本实训目标是培养学生对企业风险进行分析评价的能力。其能力要求是：

（1）掌握企业财务杠杆系数的计算。

（2）能够对各自公司的财务风险进行分析与评价。

实训方式与内容

在第一章同步实训分行业、分小组和取得的各自公司基础资料和数据资料的基础上，计算财务杠杆系数，对公司财务风险进行评价，撰写专题分析报告（文档格式要求同前），参加讨论与讲评。

实训步骤

（1）根据各自公司近三年利润表，编制公司财务杠杆系数计算分析表，将公司近三年财务杠杆系数计算结果填入表中。

（2）查找同行业财务杠杆系数平均值，填入计算分析表中。

（3）根据公司财务杠杆系数计算分析表和公司资产负债表，对公司财务杠杆系数分析评价，分析时同组同学应在一起进行交流、讨论，形成各自分析评价结论，并按要求形成分析报告。

（4）实训小组组长将小组成员的实训成果（分析报告）打包上传，由指导老师组织互评。

（5）指导老师根据学生实训成果的质量和互评结果确定实训成绩。

实训考核

根据学生选择计算分析方法的正确性、指标计算结果的准确性、分析报告写作和参与讨论情况进行评分。

本章小结

会计报表综合分析是将企业偿债能力、营运能力、盈利能力及发展趋势等各项指标有机地结合起来，作为一个完整的分析体系，对企业的财务状况、经营状况做出综合的评价。本章重点阐述杜邦分析法及其应用、企业绩效评价和企业风险评价的内容和方法。

明确企业会计报表综合分析的意义、特点有利于进行综合分析；了解会计报表综合分析的原则、内容和方法是进行综合分析的基础。

杜邦财务分析体系是评价企业财务状况及经营成果进行综合分析评价的有效方法。它直观地反映了各项主要财务比率指标之间的内在联系，展示了净资产收益率与企业的筹资结构、销售、成本费用、资产管理等的密切关系，构成了一个评价系统。只有协调好系统内每个因素之间的关系，才能使净资产收益率达到最大，从而实现企业的财务目标。

企业绩效评价体系是以企业的财务效益状况、资产质量状况、债务风险状况和经营增长状况等主要财务比率指标为基础，从不同角度对资本金的利用效果和资产的保值增值等进行综合分析和评价，是一个比较系统、科学的评价体系。通过企业绩效评价，有利于加强政府对国有资本金的管理，提高国有资本金的使用效果。

企业风险评价主要是通过对企业经营杠杆和财务杠杆的发挥，以及所面临的经营风险和财务风险进行分析评价，来综合评价企业的财务状况和经营水平，为企业进行筹资、投资提供决策依据。

课后复习与练习

一、复习思考题

1. 企业会计报表综合分析有何特点?
2. 决定净资产收益率高低的主要因素有哪些?杜邦财务分析体系图给我们带来了什么的启示?
3. 为什么要对国有资本金进行绩效评价?
4. 影响企业经营风险的因素有哪些?如何发挥经营杠杆的作用?
5. 影响企业财务风险的因素有哪些?如何发挥财务杠杆的作用?
6. 企业如何发挥混合杠杆的作用?

二、习 题

(一)填空题

1. 财务风险是指全部资本中________________的变化带来的风险。
2. 经营杠杆是指某一固定成本比重的作用下,________________对利润产生的作用。
3. 杜邦财务分析体系是利用各种________________之间的内在联系,对企业________________及________________进行综合系统分析评价的方法。

(二)单项选择题

1. 会计报表综合分析的目标是(   )。
   A. 综合分析企业的偿债能力
   B. 综合分析企业的营运能力
   C. 综合分析企业偿债能力、营运能力、盈利能力、发展能力及综合经营能力及其内在联系与影响
   D. 综合分析企业的支付能力
2. 在杜邦分析体系中,假设其他条件相同,下列表述中错误的是(   )。
   A. 权益乘数大则财务风险大　　B. 权益乘数大则净资产收益率大
   C. 权益乘数等于所有者权益比率的倒数　　D. 权益乘数大则资产收益率大
3. 决定权益乘数大小的主要指标是(   )。
   A. 资产周转率　　B. 营业利润率
   C. 资产利润率　　D. 资产负债率
4. 杜邦分析体系的核心指标是(   )。
   A. 资产净利率　　B. 销售净利率
   C. 资产周转率　　D. 净资产收益率
5. 某公司净资产收益率为20%,净利率为30%,总资产周转率为15%,则权益乘数为(   )。
   A. 4.44　　B. 2　　C. 5　　D. 3
6. 只有当权益资本利润率(   )借款利息率,才能取得财务杠杆效应。
   A. 大于　　B. 小于　　C. 等于　　D. 无关系

7. 某公司去年实现利润800万元，预计今年产销量增长6%，如果经营杠杆系数为2.5，则今年可望实现营业利润额（　　）万元。
A. 848　B. 920　C. 1 000　D. 1 200
8. 净资产收益率在杜邦财务分析体系中是个综合性最强、最具代表性的指标。通过对体系的分析可知，提高净资产收益率的途径不包括（　　）。
A. 加强销售管理，提高销售净利率　B. 加强资产管理，提高资产利用率和周转率
C. 加强负债管理，降低资产负债率　D. 提高产权比率
9. 财务杠杆分析的焦点是（　　）。
A. 固定成本　B. 变动成本　C. 销售成本　D. 固定的资金成本
10. 财务杠杆系数是由（　　）决定的。
A. 财务费用　B. 资本结构　C. 息税前利润　D. 优先股息
11. 下面说法正确的是（　　）。
A. 负债比率越高，财务杠杆系数越大，每股收益也越高，财务风险就越小
B. 负债比率越高，财务杠杆系数越大，每股收益也越高，财务风险就越大
C. 负债比率越小，财务杠杆系数越大，每股收益也越高，财务风险就越小
D. 负债比率越小，财务杠杆系数越大，每股收益也越高，财务风险就越大
12. 下面说法正确的是（　　）。
A. 经营杠杆系数的数值越高，经营杠杆利益就越大，经营风险就越小
B. 经营杠杆系数的数值越高，经营杠杆利益就越小，经营风险就越大
C. 经营杠杆系数的数值越高，经营杠杆作用就越大，经营风险就越小
D. 经营杠杆系数的数值越高，经营杠杆作用就越大，经营风险就越大
13. 当财务杠杆系数为1时，企业（　　）。
A. 只有财务风险，没有经营风险　B. 只有经营风险，没有财务风险
C. 经营风险和财务风险都有　D. 什么风险也没有
14. 财务杠杆利益体现为企业所有者利用（　　）在企业税后利润中对息税前利润的超额获取。
A. 固定的营业成本　B. 固定成本　C. 固定的资金成本　D. 变动成本

（三）多项选择题

1. 下列各项中，属于会计报表综合分析方法的有（　　）。
A. 比较分析法　B. 比率分析法　C. 杜邦分析体系　D. 沃尔评分法
2. 仅利用资产负债表资料不能直接分析的内容有（　　）。
A. 偿债能力　B. 盈利能力　C. 运营能力　D. 发展能力
3. 在进行企业会计报表综合分析时，在其他条件不变的情况下，如果资产负债率较上期提高，下列命题中正确的有（　　）。
A. 所有者权益比率提高　B. 所有者权益比率下降
C. 净资产收益率上升　D. 净资产收益率下降
4. 决定净资产收益率高低的因素有（　　）。
A. 流动比率　B. 现金比率　C. 资产周转率　D. 权益乘数
5. 国有资本绩效评价指标分为定量指标和定性指标两类，以下属于定性指标的是（　　）。
A. 财务效益状况　B. 产品市场占有率　C. 发展能力状况　D. 技术装备水平
6. 国有资本金绩效评价中，例行评价主要针对（　　）。

A. 重点国有企业　　B. 试点的企业集团
C. 国有控股的重要企业　　D. 承包到期的国有企业

7. 在企业风险评价中，下列说法中正确的是（　　）。
A. 财务杠杆系数大则财务风险大
B. 财务杠杆系数大则经营杠杆系数小
C. 在全部成本中，固定成本比重大则经营风险就大
D. 混合杠杆系数与经营杠杆系数成反比

8. 净资产收益率在杜邦财务分析体系中是个综合性最强、最具代表性的指标。通过对体系的分析可知，提高净资产收益率的途径包括（　　）。
A. 加强销售管理，提高销售净利率
B. 加强资产管理，提高资产利用率和周转率
C. 加强负债管理，降低资产负债率
D. 提高产权比率

9. 下面属于评价企业绩效的基本指标有（　　）。
A. 净资产报酬率　　B. 资产负债率
C. 流动比率　　D. 已获利息倍数
E. 流动资产周转率　　F. 资本积累率

（四）判断题

（　　）1. 会计报表综合分析能够得出十分准确的分析结果。
（　　）2. 会计报表综合分析法比单个会计报表分析法更容易找出企业经营管理的毛病。
（　　）3. 企业会计报表综合分析会改变单个报表分析时计算的许多指标分析值。
（　　）4. 各种财务分析指标的行业平均水平对于进行企业会计报表综合分析具有重要的意义。
（　　）5. 所谓经营风险就是经营者工作失误所带来的风险。
（　　）6. 财务风险就是财会工作失误带来的风险。

（五）计算分析题

1. 根据表7-9的资料对D公司进行杜邦财务分析。

资料：

（1）资产负债表见表2-9。
（2）利润表见表3-13。
（3）其他相关资料：假设D公司2015年的有关数据见表7-9所示。

表7-9　D公司2015年的有关数据

（单位：元）

项　目	2014年年初数
资产总额	6 952 000
负债总额	1 950 335
所有者权益总额	5 001 665
存货	480 000
应收账款	472 500

要求：

（1）计算D公司净资产收益率指标。

（2）对D公司杜邦财务分析体系进行分析。

2. 根据资料进行企业风险分析。

资料：

（1）南方建设机械有限公司、恒达工程机械有限公司、万通机械有限公司均为股份制企业，经营方向、经营规模、息税前利润相同。

（2）南方建设机械有限公司损益表见表7-10。

表7-10 南方建设机械有限公司损益表

（单位：元）

项　　目	2013年	2014年	2015年
营业收入	500 000	1 000 000	1 100 000
变动成本	300 000	600 000	660 000
贡献毛益	200 000	400 000	440 000
固定成本	200 000	200 000	200 000
息税前利润	0	200 000	240 000

（3）假设恒达工程机械有限公司、南方建设机械有限公司、万通机械有限公司资金总额均为2 000 000元，其中，普通股股本分别为2 000 000元，1 500 000元，1 000 000元，每股面值为100元，负债资金利息率为8%，2015年企业息税前利润均为200 000元，2015年较2014年增长了20%，所得税税率为25%。

要求：

（1）计算南方建设机械有限公司2013年、2014年、2015年的经营风险指标。

（2）计算比较恒达工程机械有限公司、南方建设机械有限公司、万通机械有限公司的财务风险指标。

（3）计算南方建设机械有限公司的企业风险指标。

（4）分析南方建设机械有限公司的企业风险。

第八章 会计报表分析报告

通过本章的学习，掌握会计报表分析报告的含义及撰写报告时需要做好的各方面工作：撰写前的准备，报告的选题、结构、起草、报表修改和审定等，了解会计报表分析报告的作用、类型、特点及撰写分析报告时应注意的问题。

能在熟练计算和分析会计报表各项财务指标的基础上，进行会计报表分析报告的撰写。

教学引导

记账、算账、报账是为了反映经济活动的过程和结果，分析是为了找出“过程”中的瑕疵和“结果”里的优劣。分析的根本目的是为今后的决策提供依据。如何将分析的逻辑过程展示出来？如何将分析的结论系统化？如何将分析的建议条理化？……都需要相应的载体来解决。这个载体就是会计报表分析报告。会计报表分析报告包括哪些内容、如何撰写，以及撰写报告应注意哪些问题等，则是本章要讲述的内容。

第一节 会计报表分析报告概述

一、会计报表分析报告的概念及内容

（一）会计报表分析报告的概念

会计报表分析报告是以会计报表及其附注的资料为主要依据，根据计划指标、会计核算、统计资料和通过调查研究获得的活资料，对某一部门或某一单位的财务活动状况进行分析，找出差距，指出方向，提出建议，指导企业财务会计工作的一种书面报告，是对企业一定期间内收入、成本、费用、利润、资金等情况进行分析总结形成的书面文字报告。

（二）会计报表分析报告的内容

1. 资本结构分析

资本结构健全、合理与否，直接关系到企业经济实力的充实和经济基础的稳定。如果资本结构健全、合理，企业的经济基础比较牢固，就能承担各种风险；反之则相反。分析资本结构，无论对企业的经营者、投资者或债权人，都有十分重要的意义。

2. 偿债能力分析

市场经济条件下，负债经营是企业的常态，但举债必须以能偿还为前提。如果企业不能按时偿还所负债务的本息，那么企业的生产经营就会陷入困境，以至危急企业的生存。因此对于企业经营者来说，通过会计报表分析测定企业的偿债能力，有利于其做出正确的筹资决策和投资决策；而对于债权人来说，偿债能力的强弱是他们做出贷款决策的基本依据。

3. 获利能力分析

获取利润是企业生产经营的根本目的，也是投资者投资的基本目的。获利能力的大小显示着企业经营管理的成败和企业未来前景的好坏，因而是财务经营者和投资者对会计报表分析的重点。

4. 资金运用效率分析

企业筹集资金的目的是为了使用。如果资金得到充分有效的使用，则企业就能获得较多的收入，而且能减少对资金供应量的需求；反之则相反。因此，资金利用效率的高低，直接关系到企业盈利能力的大小，预示着企业未来的发展前景。因而是企业经营者和投资者会计报表分析的一项重要内容。

5. 现金流量分析

通过现金流量表的分析，为会计报表的使用者提供企业在该会计期间内现金流入、现金流出及现金净流量的综合信息，有助于对企业现金的产生能力、使用方向和财务状况做出判断。

6. 成本费用分析

在市场经济条件下，产品的价格是由市场决定的。在同样的市场价格条件下，如果能降低成本，减少费用，企业就能获取较高的利润，从而在市场竞争中获取有利的地位；反之，则会在市场竞争中处于不利的地位，甚至被淘汰。成本费用的分析是企业经营者最为关心的内容。

7. 收入、利润和利润分配分析

收入和利润水平的高低是否与企业生产经营规模和能力相适应，集中反映了企业经营管理的水平和盈利能力，也预示着企业未来的发展前景。而利润分配政策则直接关系到企业未来的发展和企业承担风险的能力，是企业经营者和投资者都十分关注的问题。

二、会计报表分析报告的作用

撰写会计报表分析报告是财会人员必须具备的基本功。财会人员应按照内部控制的要求，定期检查、分析财务预算的执行情况，挖掘增收节支的潜力，考核资金使用效果，揭露经营管理中的问题，及时向领导提出建议。会计报表分析报告的作用主要表现在以下几个方面：

（1）有利于掌握和评价企业的财务状况、经营成果和现金流量现状。

（2）有利于制定出符合客观经济规律的财务预算。

（3）有利于改善企业经营管理工作，提高财务管理水平。

三、会计报表分析报告的类型

会计报表分析报告可以按不同的标准进行分类。

（一）会计报表分析报告按分析的内容分类

1. 全面分析报告

全面分析报告也称系统分析或综合分析报告，是根据各项主要经济指标进行全面系统分析的报告。全面分析报告具有内容丰富、涉及面广、对决策有深远影响的特点，主要用于年度、半年度和季度的分析报告。

2. 简要分析报告

简要分析报告一般是围绕几个财务指标、计划指标或抓住一两个重点问题进行分析，用以分析财务指标的完成情况，观察财务活动的发展趋势，提出工作改进建议的书面报告。这种分析报告具有简明扼要、切中要害的特点，主要适用于定期分析，通常按月或按季进行编报。

3. 专题分析报告

专题分析报告也称单项分析或专项分析报告，是对某项专门问题进行深入细致的调查分析后所写的一种书面报告。专题分析报告一般是结合当前企业的理财工作，对某些重大经济措施和业务上的重大变化，或对工作中的薄弱环节和存在的关键问题单独进行的专题分析。专题分析报告具有内容专一、一事一题、分析深透、反映及时等特点，可以随时运用，形式比较灵活。

（二）会计报表分析报告按分析的时间分类

1. 定期分析报告

定期分析报告一般是由上级主管部门或企业内部制定的每隔一段相等的时间应予编制和上报的财务分析报告。如每半年、年末编制的综合分析报告就属定期分析报告。

2. 不定期分析报告

不定期分析报告是从企业财务管理业务经营的实际需要出发，不做时间规定而编制的财务分析报告。如上述的专题分析报告就属于不定期分析报告。

第二节 会计报表分析报告的撰写

为了便于会计报表使用者了解企业的财务状况、经营成果和资金变动情况，以便做出相应的决策，企业一般应按半年、全年各撰写一份综合分析报告；简要分析报告和专题分析报告可根据需要随时撰写。

一、会计报表分析报告的撰写要求

（一）突出重点

会计报表分析报告的编写应结合企业当前生产经营的情况和财务管理的具体要求，抓住重点的、关键的问题，抓住主要矛盾和矛盾的主要方面进行分析研究，层层解剖，刨根问底，这样，才有利于说明事物的本质，起到以点带面，推动工作、指导工作的作用。分析报告切忌面面俱到，又什么都讲不清楚；切忌报流水账，而不突出主题、不突出重点；切忌只提出问题，而没有分析问题和解决问题的建议或办法。

（二）数据确凿

坚持辩证唯物主义的观点和实事求是的作风，是编写会计报表分析报告的重要原则，而数据确凿是这一原则的重要体现。分析时所运用的数据、资料，应当真实、可靠，分析时应辩证地看问题，把定量分析和定性分析结合起来，把历史资料和现状情况结合起来，把肯定成绩和剖析缺点结合起来，把主观态度和客观情况结合起来。

（三）语言简练

会计报表分析报告的语言应以简练朴实、通俗易懂为好，使人一看就懂。文章的开头和结尾应简洁明了，不要套话连篇；内容层次应清楚明白，不要说空话，不要堆砌形容词，更不要只罗列一大堆材料数字，只见数字，不见文字，或者泛泛而谈，做冗长的解释。

（四）报告及时

会计报表分析报告有特定的时效性，一般应随会计报表一同报送，作为会计报表的附件。对报表的数据做恰当的文字说明，既能起到画龙点睛的作用，又可作为考核与分析企业一定时期内经营状况的依据，起到当好参谋的作用。

二、会计报表分析报告的结构

结构是指分析报告如何分段而又构成一个整体的问题，报告所反映的内容不同其结构也有所不同。

（一）综合分析报告的结构

1. 标题

标题应简明扼要，准确反映报告的主题思想。

2. 基本情况

首先应注明会计报表分析报告的分析期，即报告的范围段。其次，应对企业分析期内经营状况做简要说明，对企业计划执行情况和各项经济指标完成情况做大致介绍，概括地反映分析期企业经营的基本面貌。

3. 各项财务指标的完成情况和分析

这是分析报告的主要部分。一般要对企业的盈亏额、营业收入额、成本费用水平、资产运营情况及偿债能力等项目的实际指标与其各项计划指标进行对比分析，与上年同期各项指标进行对比分析，与历史同期最高水平进行对比分析，也可与同行业其他企业进行简要的对比分析。

分析时，应采用绝对数与相对数指标相结合的方法，既要分析各项经济指标已完成情况，也要找出未完成的原因；既要反映取得的成绩和成功的经验，也要反映存在的问题，有数据、有比较、有分析。

为了使综合分析报告清晰明了，应编制财务分析图表，即根据分析的目的，将会计报表及有关经济资料，经过科学再分类、再组合，适当补充资料，配以分析计算项目，采用表格的形式，简明扼要地表达资料各项目间的内在联系。财务分析图表能够清晰地显示出各指标之间的差异及变动趋势，使财务分析更形象、具体。如编制盈亏情况分析表、费用明细分析表、流动资金分析表等。

4. 建议和要求

财务分析应根据企业的具体情况提出有针对性的建议，对企业经营管理中的成绩和经验，应加以推广；对发现的问题，应提出一些切实可行的建议，以利于问题的解决。

（二）简要分析报告和专题分析报告的结构

简要分析报告的结构与上述综合分析报告的结构大体一致，只是内容较综合分析报告要简明扼要些。专题分析报告一般一事一议，其结构可灵活多样。

（三）会计报表分析报告实例

前面第二章、第三章已根据A公司的资产负债表和利润表，对A公司2014年有关偿债能力、盈利能力和营运能力等做了分析，下面是A公司2014年度的会计报表分析报告实例（限于篇幅只就A公司的偿债能力、盈利能力和营运能力进行报告）。

A公司2014年度会计报表分析报告

2014年年末，A公司总资产为255 043万元，总负债45 305万元，所有者权益总额为209 738万元，公司负债较少，表明该公司负债水平低；2014年度A公司实现主营业务收入240 205万元，利润总额40 709万元，净利润31 288万元，比2013年度均有较大幅度增长，表明公司经营成果丰厚，经营能力强。

一、偿债能力分析

项　　目	2013 年年末 (1)	2014 年年末 (2)	增减差异 (3)=(2)-(1)	增减比例 (4)=(3)÷(1)
流动比率	2.69	2.79	0.1	3.72%
速动比率	2.38	2.48	0.1	4.20%
现金比率	1.64	1.60	-0.04	-2.44%
资产负债率	17.94%	17.76%	-0.18%	-1.00%
产权比率	21.86%	21.60%	-0.26%	-1.19%

由此表可知，2014 年的流动比率、速动比率均比 2013 年有所提高，说明 2014 年短期偿债能力有一定增强。两年中，该公司资产负债率和产权比率均非常接近，表明该公司长期偿债能力没有发生较大波动，仍然很强。

但是，从表中还可以看到，现金比率有所降低，表明该公司已经注意将多余现金资产用于对内或对外投资，2013 年年末 1.64 的现金比率实在是太高了，即使到 2014 年年末 1.60 的现金比率仍然太高。再看看资产负债率，2013 年年末、2014 年年末均没有超过 18%，与一般企业 50% 的理想状态相差悬殊，一方面说明其财务实力太强，另一方面也可能说明公司市场开发不够或过于保守。对此，该公司应调整发展战略，增强市场观念，充分利用闲置资金和必要负债大力开拓市场，增加营业覆盖面，争取更多收益。

二、营运能力分析

项　　目	2013 年度 (1)	2014 年度 (2)	增减差异 (3)=(2)-(1)	增减比例 (4)=(3)÷(1)
应收账款周转率（次）	20.47	19.39	-1.08	-5.28%
存货周转率（次数）	10.16	10.27	0.11	1.08%
流动资产周转率（次）	2.09	2.11	0.02	0.96%
固定资产周转率（次）	3.46	4.20	0.74	21.39%
总资产周转率（次）	0.98	1.03	0.05	5.10%
股东权益周转率（次）	1.20	1.25	0.05	4.17%

从表中可以看出，应收账款周转率 2014 年比 2013 年有小幅降低，但存货周转率有所提高，因此并不能说明公司营运能力降低了。再从其他周转率看，2014 年比上年均有所提高，说明公司总体营运能力加强了，特别是固定资产周转率提高幅度较大，这与公司充分利用现有固定资产努力增加营业收入有直接关系。总的来说，2014 年公司的营运能力比 2013 年提高了。

三、盈利能力分析

项 目	2013 年度 (1)	2014 年度 (2)	增减差异 (3)＝(2)－(1)	增减比例 (4)＝(3)÷(1)
营业利润率	16.14%	17.87%	1.73%	10.72%
成本费用利润率	18.48%	20.60%	2.12%	11.47%
总资产收益率	10.83%	13.40%	2.73%	23.73%
净资产收益率	13.26%	16.31%	3.05%	23.00%

从表中可以看出，2014 年公司各项盈利能力指标均比 2013 年有较大提高，提高幅度均在 10% 以上，表明公司 2014 年在经营管理方面是有成效的。从各项指标水平看，近 18% 的营业利润率、20.60% 的成本费用利润率、13.40% 的总资产收益率和 16.31% 的净资产收益率，说明公司 2014 年的盈利能力比较强。

总之，公司的营运能力强，盈利能力也会强；而盈利能力强，能进一步增强公司的偿债能力。这是正常企业生产经营所希望的。当然，公司也存在一定问题，主要是市场开拓不够，大量资金闲置，表现在流动比率、速动比率和现金比率过高，远远超过一般企业理想状态的 2、1 和 0.5 比值。还有公司总体负债水平太低，长期负债太少，对外融资过于保守，不善于利用财务杠杆。对于公司存在的问题，建议采取以下措施加以解决：

（1）增加公司在全国范围内的营业覆盖面，进行业务扩展，这就需要加大对内投资，既为公司闲置资金找到了出路，又为公司增加收益提供了物质条件。投入相应的资金、积压的存货，在查明原因的基础上积极处理，不断挖掘内部潜力，提高存货的周转速度，以加速流动资金的周转。

（2）公司要适当调整资本结构，增加负债，特别要利用长期负债杠杆效应来提高股东收益水平。

（3）对于富余现金，可适当增加对外投资，包括交易性金融资产、可供出售金融资产和持有至到期投资等，发挥公司理财功能，增加投资收益。

总结经验是为了再战，发现问题是为了改进，希望公司能在以后的经营中取得更大成绩。

三、会计报表分析报告撰写的基本步骤

会计报表分析报告的撰写通常有以下几个步骤：

（一）搜集资料

搜集资料是一个调查过程，深入全面的调查是进行科学分析的前提。分析人员可以在日常工作中，根据财务分析内容要点，经常搜集、积累有关资料。这些资料既包括间接的书面资料，又包括从企业取得的第一手资料。具体内容如下：

（1）各类政策、法规性文件。

（2）历年会计报表分析报告。

（3）各类报纸、杂志公布的有关资料。

（4）统计资料或年度财务计划。

（二）整理核实资料

各种资料搜集齐全后，要加以整理核实，保证其合法性、正确性和真实性，同时根据所分析的内容进行分类。整理核实资料是财务分析工作中的中间环节，起着承上启下的作用。在这一阶段，分析人员应根据分析的内容、要点做些摘记，合理分类，以便查找和使用。

应该指出，搜集资料和整理核实资料不是截然分离的两个阶段，一般可以边搜集边核实整理，相互交叉进行。但切忌临近撰写分析报告才搜集资料，应把这项工作贯穿在日常进行，这样才能搜集到内容丰富、涉及面广、有参考价值的资料，在进行分析时就会胸有成竹，忙而不乱。

（三）会计报表分析报告的选题

标题是对会计报表分析报告的最精炼的概括，它不仅要确切地体现分析报告的主题思想，而且要用语简洁、醒目。由于财务分析报告的内容不同，其标题也就没有统一标准和固定模式，应根据具体的分析内容而定。如“某年度综合财务分析报告”“某月份简要会计报表分析报告”“资产使用效率分析报告”等都是较合适的标题。会计报表分析报告一旦拟定了标题，就应围绕标题展开写作，将所搜集、加工的资料作为撰写报告的素材，按照报告结构，用专业、通俗的语言加以归纳、总结、分析和说明。

（四）会计报表分析报告的起草

在搜集、加工整理资料、确定分析报告的标题后，就可以进入会计报表分析报告写作阶段。这一阶段的首要工作就是报告的起草，起草报告应围绕标题并按报告的结构进行。对综合分析报告的起草，最好先拟定报告的写作提纲，然后在提纲框架的基础上，依据所搜集、加工整理的资料，选择恰当的写作方法，起草综合分析报告。

（五）会计报表分析报告的修改和审定

财务分析报告起草后形成的初稿，可交主管领导审阅，并征求主管领导的意见和建议，再反复推敲，不断进行修改，充实新的内容，使之更加完善，更能反映出所写报告的特点，直至最后由主管领导审定。审定后的财务分析报告应填写报表编制单位和编制日期，并加盖单位公章。

四、会计报表分析报告的注意事项

（1）开头不要“套话”成串，落笔太远。有的人在写会计报表分析报告时，喜欢用一些现成的“套话”开头，例如，“在××精神的鼓舞下，在××的领导下，在××的努力下，在××的基础上”之类。说了一大串，然后才进入正文。这些套话似乎神通广大，放在任何时候、任何单位、任何一种分析报告中都行，成了“通用型”的配件，其实它是可有可无的，写上去不能解决什么问题，反而拉长了篇幅。会计报表分析报告要求开门见山，单刀直入，可有可无的套话应该尽量避免。

（2）正文不要罗列现象，言不及义。有的人写会计报表分析报告时，习惯于罗列现象，把自己所了解的情况全部倒出来，不分主次轻重全部写上。由于缺乏必要提炼，结果是只见材料，不见观点，让人看了不知道他要说明什么问题。还有一种情况是用“数字文字话”来代替分析，实际上搞的是数字游戏。这两种毛病的共同点是“言不及义”，即说了半天没有说出什么道理来。“分析报告无分析”这是写作会计报表分析报告的“致命伤”。没有好的分析，就没有好的分析报告。

（3）不要报喜不报忧。这种现象很常见，有的分析报告只反映经营业绩以及预测美好的发展前景，对发现的问题却只字不提，使企业经营管理者好大喜功，做出错误的判断。要尊重客观事实，实事求是，对成绩和好的经验应该予以肯定，并推广，对其中的不足和问题要有针对性的措施和建议。

（4）结尾不要用笼统的口号代替具体的建议和措施。有的分析报告在说明和分析问题之后，往往不是有针对性地提出建议和措施，而是用一些抽象笼统的口号来代替建议和措施。如有的公司报表分析报告最后一段话是这样写的：“在新的一年里，我们一定要加强薄弱环节，大干快上，努力赶超先进水平，为完成和超额完成预算目标而奋斗！”这种精神自然是很好的，问题是要具体化，要写清楚怎样加强薄弱环节，从哪些方面、采取哪些措施赶超先进水平等。只有写得具体、明确、实在，才能提供给领导作为决策的依据，否则就起不到这样的作用，换言之，也就失去了写作公司报表分析报告的意义。

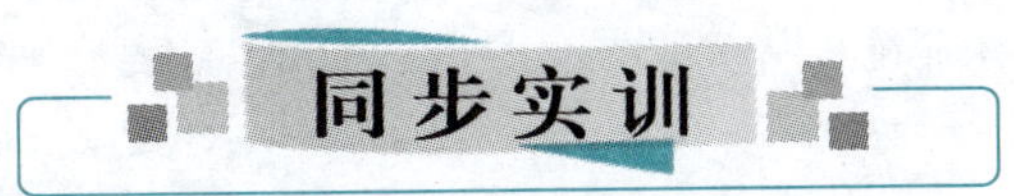

2015 年度综合财务分析报告写作

实训目标与能力要求

本实训目标是培养学生对会计报表分析报告写作的能力。其能力要求是：

（1）掌握会计报表分析报告写作步骤和要求。

（2）能够将各自公司 2015 年度综合财务分析以书面报告的形式展现出来。

实训方式与内容

在第一章同步实训分行业、分小组和各自公司会计报表分析的基础上，将 2015 年度综合财务分析的过程、步骤、分析结论和建议，按照综合财务分析报告的撰写要求，形成书面报告。

实训步骤

（1）拟定各自会计报表分析报告写作大纲。

（2）将各自公司 2015 年度会计报表分析资料进行归纳、整理；

（3）按照会计报表分析报告撰写要求起草报告，起草时同组同学应在一起进行交流、讨论，形成各自分析报告（文档要求同前）。

（4）实训小组组长将小组成员的实训成果（综合财务分析报告）打包上传，由指导老师组织互评。

（5）指导老师根据学生实训成果的质量和互评结果确定实训成绩。

实训考核

根据学生选择计算分析方法的正确性、指标计算结果的准确性、分析报告写作和参与讨论情况进行评分。

本章小结

会计报表分析报告是以会计报表及其附注的资料为主要依据，根据计划指标、会计核算、统计资料和通过调查研究获得的活资料，对某一部门或某一单位的财务活动状况进行分析，找出差距，指出方向，提出建议，指导企业财务会计工作的一种书面报告。

会计报表分析报告按不同的标准可分为不同类型。按其分析的内容范围可分为综合分析报告、专题分析报告、简要分析报告三种；按分析的时间可分为定期分析报告和不定期分析报告两种，这几种报告在实践工作中各有特点。

会计报表分析报告的撰写涉及以下几个方面的内容：一是撰写前的准备，主要是搜集和整理、核实材料；二是报告的选题，可以灵活多样，但应能反映报告的主题思想；三是报告的结构，根据报告内容而定；四是报告的起草，应围绕报告的选题并按报告的结构进行；五是报告的修改和审定。

最后，在编制会计报表分析报告时应符合撰写要求，做到结构合理、层次分明、分析有据、说明清楚、语言准确、格式规范。

课后复习与练习

一、复习思考题

1. 简述会计报表分析报告的作用。
2. 简述综合会计报表分析报告的基本结构。
3. 简述会计报表分析报告撰写的基本步骤。
4. 简述会计报表分析报告撰写时应注意的问题。

二、习　题

多项选择题

1. 会计报表分析报告的结构内容应包括（　　）。
   A. 标题　　B. 基本情况
   C. 各项财务指标的完成情况和分析　　D. 建议和要求
2. 会计报表分析报告按分析内容分类包括（　　）。
   A. 专题分析报告　　B. 专业分析报告　　C. 全面分析报告　　D. 简要分析报告
3. 会计报表分析报告的撰写要求包括（　　）。
   A. 重点突出　　B. 语言简练　　C. 数据准确
   D. 报告及时　　E. 分析全面

附　录

附录 A　企业财务绩效定量评价指标计算公式

一、盈利能力状况

（一）基本指标

1. 净资产收益率 = 净利润/平均净资产 ×100%

平均净资产 =（年初所有者权益 + 年末所有者权益）/2

2. 总资产报酬率 =（利润总额 + 利息支出）/平均资产总额 ×100%

平均资产总额 =（年初资产总额 + 年末资产总额）/2

（二）修正指标

1. 销售（营业）利润率 = 主营业务利润/主营业务收入净额 ×100%

2. 盈余现金保障倍数 = 经营现金净流量/（净利润 + 少数股东损益）

3. 成本费用利润率 = 利润总额/成本费用总额 ×100%

成本费用总额 = 主营业务成本 + 主营业务税金及附加 + 经营费用（营业费用）+ 管理费用 + 财务费用

4. 资本收益率 = 净利润/平均资本 ×100%

平均资本 =［（年初实收资本 + 年初资本公积）+（年末实收资本 + 年末资本公积）］/2

二、资产质量状况

（一）基本指标

1. 总资产周转率（次）= 主营业务收入净额/平均资产总额

2. 应收账款周转率（次）= 主营业务收入净额/应收账款平均余额

应收账款平均余额 =（年初应收账款余额 + 年末应收账款余额）/2

应收账款余额 = 应收账款净额 + 应收账款坏账准备

（二）修正指标

1. 不良资产比率 =（资产减值准备余额 + 应提未提和应摊未摊的潜亏挂账 + 未处理资产损失）/（资产总额 + 资产减值准备余额）×100%

2. 资产现金回收率 = 经营现金净流量/平均资产总额 ×100%

3. 流动资产周转率（次） = 主营业务收入净额/平均流动资产总额

平均流动资产总额 =（年初流动资产总额 + 年末流动资产总额）/2

三、债务风险状况

（一）基本指标

1. 资产负债率 = 负债总额/资产总额 ×100%

2. 已获利息倍数 =（利润总额 + 利息支出）/利息支出

（二）修正指标

1. 速动比率 = 速动资产/流动负债 ×100%

速动资产 = 流动资产 − 存货

2. 现金流动负债比率 = 经营现金净流量/流动负债 ×100%

3. 带息负债比率 =（短期借款 + 一年内到期的长期负债 + 长期借款 + 应付债券 + 应付利息）/负债总额 ×100%

4. 或有负债比率 = 或有负债余额/（所有者权益 + 少数股东权益）×100%

或有负债余额 = 已贴现承兑汇票 + 担保余额 + 贴现与担保外的被诉事项金额 + 其他或有负债

四、经营增长状况

（一）基本指标

1. 销售（营业）增长率 =（本年主营业务收入总额 − 上年主营业务收入总额）/上年主营业务收入总额 ×100%

2. 资本保值增值率 = 扣除客观增减因素的年末国有资本及权益/年初国有资本及权益 ×100%

（二）修正指标

1. 销售（营业）利润增长率 =（本年主营业务利润总额 − 上年主营业务利润总额）/上年主营业务利润总额 ×100%

2. 总资产增长率 =（年末资产总额 − 年初资产总额）/年初资产总额 ×100%

3. 技术投入比率 = 本年科技支出合计/主营业务收入净额 ×100%

资料来源：国务院国有资产监督管理委员会颁布的《中央企业综合绩效评价实施细则》（国资发评价［2006］157号）

附录B　2015 年各行业主要指标平均值对照表

行业名称	净资产收益率	总资产报酬率	成本费用利润率	资产负债率	销售（营业）增长率
工业	6	4.6	4.8	60	7
（一）煤炭工业	3	2.8	3.1	68	-3.5
（二）石油石化工业	6.2	5	3.9	60	8.8
1. 天然原油和天然气开采业	10.5	7.4	7.2	60	14.7
2. 石油加工及炼焦业	2.5	0.3	2.2	60	8.6
（三）冶金工业	1.7	1.2	0.5	60	5
1. 黑色金属矿采选业	4.4	3.1	3.9	60	8.7
2. 有色金属矿采选业	3.5	2.6	2.6	60	17.5
3. 黑色金属冶炼业	1.5	1.4	0.5	60	1.6
4. 有色金属冶炼业	2.3	2	1.5	60	6.5
（四）建材工业	5.8	3.1	1.8	60	8.2
1. 建筑用矿石采选业	4.4	2.9	8.4	60	7.8
2. 水泥制造业	7.1	5.9	8.9	60	17.7
3. 水泥及石膏制品制造业	9.1	6.9	6	60	8.7
4. 砖瓦石材及其他建筑材料制造业	7.1	6.8	3.6	60	7.2
5. 平板玻璃制品业	2.3	1.1	0.3	60	0.5
6. 结构性金属制品业	4.2	1.9	1.1	60	9
7. 建筑用金属制品业	4.7	3.5	3.5	60	6.9
（五）化学工业	2.8	2.3	2	60	3.6
1. 基础化学原料制造业	2.8	2.1	2.2	60	4.7
2. 肥料制造业	5.2	3.2	5.2	60	14
3. 日用和化学产品制造业	1.7	1.1	1.3	60	10.5
4. 化纤制造业	1.5	0.9	0.7	60	3.4
5. 橡胶制品业	5.5	3.1	1.8	60	9.3
6. 塑料制品业	3.7	2.8	3.1	60	10.6
7. 农药制造业	3.8	2.5	3.1	60	9.2
（六）森林工业	0.3	0.1	1.1	60	5.1
（七）食品工业	3.8	3	3.1	60	12

（续）

行业名称	净资产收益率	总资产报酬率	成本费用利润率	资产负债率	销售（营业）增长率
1. 食品加工业	4.5	4.2	2.4	60	23.9
2. 食品制造业	4.1	3.7	4.4	60	16.2
（八）烟草工业	12.4	12.1	13.1	60	15.1
1. 卷烟制造业	14.6	14.1	13.9	60	14.2
（九）纺织工业	2	1.6	1.8	60	6
1. 棉化纤纺织业	2.8	1.6	1.8	60	6.4
2. 毛纺织业	3.9	2.6	2.5	60	6.1
3. 麻纺织业	1.4	1.1	2	60	4.6
4. 丝绢纺织业	2.8	1.6	3.9	60	5.3
（十）医药工业	10	7.5	10	60	13
1. 化学药品制造业	8.4	7.1	8.2	60	12.6
2. 中药材及中成药加工业	10.6	7.7	11.7	60	13.4
（十一）机械工业	2.6	2.1	4.5	60	3.2
1. 金属制品业	5.2	3.3	3.4	60	14
2. 金属工具制造业	4.2	2.9	3.6	60	10.9
3. 通用设备制造业	6.8	3.6	4.8	60	10.6
（1）锅炉及原动机制造业	8	5	5	60	9.6
（2）金属加工机械制造业	5.5	3.3	4.4	60	10.9
（3）其他通用设备制造业	6.3	5	5.7	60	10.3
（4）轴承制造业	4.6	4.3	4.7	60	16.5
4. 专业设备制造业	5.7	3.5	4	60	11.1
（1）冶金矿山建筑设备制造业	8	4.3	5.6	60	13
1）矿山机械制造业	6.2	4.2	5.2	60	9.9
2）建筑工程用机械制造业	9.8	6.1	6.7	60	22.3
3）冶金专用设备制造业	3	1.9	1.5	60	3.6
（2）化工木材非金属加工设备制造业	6.5	3.8	4.9	60	12.1
（3）轻纺设备制造业	1.6	1.4	2.1	60	12.1
（4）农林牧渔水利业机械制造业	5.3	4.6	3.5	60	14.4
（5）医疗仪器设备制造业	10.8	8.1	6.2	60	22.3
（6）电子和电工机械专用设备制造业	3.9	3.4	4	60	9.8
5. 交通运输设备制造业	8.7	8.3	7.6	60	27.5
（1）铁路运输设备制造业	4.5	3.9	5.3	60	5
（2）汽车制造业	9.5	7.2	7.9	60	7.6

（续）

行业名称	净资产收益率	总资产报酬率	成本费用利润率	资产负债率	销售（营业）增长率
1）汽车整车制造业	8.9	6.7	4.8	60	10.9
2）汽车零部件及配件制造业	9.8	7.4	5.7	60	9.8
（3）摩托车制造业	2.1	0.9	0.6	60	7
（4）自行车制造业	0.9	0.4	1.6	60	12.3
（5）船舶制造业	3	2.7	2.5	60	3.2
6. 电气机械及器材制造业	9	4	6.9	60	15.4
（1）电机制造业	9.1	5.2	6.8	60	15.4
（2）输配电及控制设备制造业	11.2	7.8	7.9	60	18.8
（3）电工器材制造业	1.2	0.7	1.2	60	15
（4）家用电器制造业	9	5.4	5.1	60	15
（5）照明器具制造业	4.3	3.8	4.1	60	8.8
7. 仪器仪表及文化办公用制造业	6.1	4.3	6.1	60	18.8
（1）通用仪器仪表制造业	8.4	5.5	5.9	60	13.8
（2）专用仪器仪表制造业	7.1	4.7	6.1	60	15
（3）文化办公用机械制造业	4.3	2.3	3.6	60	7.5
（4）钟表制造业	7	4.7	9.2	60	10
（十二）电子工业	1.8	1.5	1.8	60	9.5
1. 通信设备制造业	4.5	2.8	3	60	4
2. 广播电视设备制造业	3.5	2.5	2.5	60	5.5
3. 电子计算机制造业	3.5	3.2	3.5	60	9
4. 电子元器件制造业	6.5	2.5	1	60	6
5. 家用影视设备制造业	4	1.8	2.5	60	5
（十三）电力热力燃气工业	3.6	3.1	3.1	60	6.7
1. 电力生产业	4.3	3.9	6.7	60	8.2
（1）火力发电业	3.6	4.6	4.1	70	4.5
（2）水力发电业	6.1	4.9	20.6	60	7.6
2. 电力供应业	3	2.8	2.4	60	5
3. 热力生产和供应业	0.3	0.2	0.9	60	7.8
4. 燃气生产和供应业	4.1	3	4.5	60	13.2
（十四）水生产与供应业	1.2	0.9	3	60	9.3
（十五）轻工业	5.3	3.9	5.4	60	5.5
1. 采盐业	2.4	2.2	3.8	60	1.4
2. 酒和饮料制造业	7.8	6.9	9.5	60	7.4

（续）

行业名称	净资产收益率	总资产报酬率	成本费用利润率	资产负债率	销售（营业）增长率
（1）白酒制造业	10.6	8.9	6.9	60	7.9
（2）啤酒制造业	6.9	5.6	7.9	60	7.9
（3）制茶业	1.1	0.4	3.2	60	8
3. 纺织服装服饰业	4.9	3.3	3	60	5.3
4. 皮革毛皮羽绒及其制品业	5	3.8	3	60	11.1
5. 家具制造业	2.2	1.2	5.2	60	7.9
6. 造纸及纸制品业	0.4	0.2	−1.3	60	−3.3
7. 印刷业记录媒介的复制业	2.5	2.1	5.2	60	6.6
8. 文教体育用品制造业	3.6	2.8	5.6	60	7.3
9. 工艺品及其他制造业	2.9	2.5	49	60	5.6
（十六）其他工业	4.9	2.6	3	60	7.2

参考文献

[1] 李心合，赵华. 会计报表分析 [M]. 北京：中国人民大学出版社，2004.

[2] 梁伟祥. 企业会计与报表解读 [M]. 北京：科学出版社，2004.

[3] 曹军，刘翠侠. 财务报表编制与分析实务 [M]. 北京：清华大学出版社，2004.

[4] 徐政旦，石人瑾. 成本会计 [M]. 上海：上海三联书店，2004.

[5] 荆新，王化成，刘俊彦. 财务管理学 [M]. 北京：中国人民大学出版社，2003.

[6] 金中泉. 财务报表分析 [M]. 北京：中国财政经济出版社，2004.

[7] 王化成，汤谷良. 财务案例 [M]. 杭州：浙江人民出版社，2003.

[8] 席伟. 新会计制度下的财务案例 [M]. 北京：中国物价出版社，2004.

[9] 吴安民，王明珠，等. 财务管理学教学案例 [M]. 北京：中国审计出版社，2001.

[10] 廖玉，凌荣安. 会计报表分析技能与案例 [M]. 北京：中国财政经济出版社，2003.

[11] 刘桂英，邱丽娟. 财务管理案例实验教程 [M]. 北京：中国铁道出版社，2005.

[12] 杜晓光. 会计报表分析 [M]. 北京：高等教育出版社，2014.

[13] 陈强. 财务报表分析 [M]. 北京：高等教育出版社，2014.

[14] 中华人民共和国国务院国有资产监督管理委员会统计评价局. 2014 年企业绩效评价标准值 [M]. 北京：经济科学出版社，2015.

[15] 中华人民共和国财政部. 企业会计准则—— 应用指南 [M]. 北京：中国财政经济出版社，2014.

参考文献

[1] [illegible]

[2] [illegible]

[3] [illegible]

[4] [illegible]

[5] [illegible]

[6] [illegible]

[7] [illegible]

[8] [illegible]

[9] [illegible]

[10] [illegible]

[11] [illegible]

[12] [illegible]

[13] [illegible]

[14] [illegible]

[15] [illegible]